Friedrich Blass

Die sozialen Zustände Athens im 4 Jahrhundert v. Chr.,

Rede zur Feier des Geburtstages

Friedrich Blass

Die sozialen Zustände Athens im 4 Jahrhundert v. Chr.,
Rede zur Feier des Geburtstages

ISBN/EAN: 9783743489738

Hergestellt in Europa, USA, Kanada, Australien, Japan

Cover: Foto ©ninafisch / pixelio.de

Manufactured and distributed by brebook publishing software (www.brebook.com)

Friedrich Blass

Die sozialen Zustände Athens im 4 Jahrhundert v. Chr.,

Die socialen Zustände Athens

im 4. Jahrhundert v. Chr.

Rede

zur

Feier des Geburtstages Sr. Maj. des Deutschen Kaisers Königs von Preussen

Wilhelm I.

gehalten

an der Christian-Albrechts-Universität

am 21. März 1885

von

Dr. Friedrich Blass

ordentlichem Professor der classischen Philologie.

Kiel 1885.

Verlag der Universitäts-Buchhandlung.

(Paul Toeche.)

Hochverehrte Anwesende!

Es ist eine willkommene Pflicht der Anstalten, in denen man die Wissenschaften und die Erkenntnis pflegt, von Zeit zu Zeit öffentlich zu zeigen, dass man diese Bestrebungen nicht loslöst von den gemeinsamen Interessen des Volkes, dessen Glieder auch die Pfleger der Wissenschaft sind. Wenn noch so sehr die Erkenntnis ihr Ziel in sich selber hat: der Erkennende und Forschende weiss, dass er nicht für sich allein in diese Welt gesetzt ist, sondern dass er in engeren und weiteren Gemeinschaften steht, denen er zu dienen und auf welche er auch sein wissenschaftliches Streben zu beziehen verpflichtet ist, dass es ihnen förderlich sei. Zu diesen Gemeinschaften gehört vor allen die Volksgemeinschaft, das Vaterland, und dem Gefühle der Verpflichtung, diesem zu dienen, gibt unsre Körperschaft heute Ausdruck, indem sie den Geburtstag des erhabenen Herrn unsres Landes, Sr. Majestät des Kaisers und Königs Wilhelm I. festlich begeht. Es ist eine mehr als aussergewöhnliche Gnade für unser deutsches Volk, dass 88 Jahre die Kraft unsres Kaisers nicht gebrochen haben, und dass wir uns heute wieder zu Seinem und unserm Festtage vereinigen dürfen. In der Person dieses Monarchen, durch welchen das einheitliche deutsche Vaterland erst geschaffen ist, hat dasselbe mehr als ein zeitweiliges Haupt: der Name Kaiser Wilhelms wird auch in ferner Nachwelt mit dem des einigen Deutschlands untrennbar verbunden sein. Noch Andres wird die Nachwelt an dieser unsrer Gegenwart zu bewundern finden: dass der erste Kaiser des neuen Deutschland, begnadet mit langem Leben in wunderbarer Kraft, eben in den Jahren des selten erreichten Alters sein Volk in neue Bahnen führte, die deutsche Flagge entfalten liess nicht nur in fernen Meeren, sondern auch auf fernem Boden, der fortan der Schutzherrlichkeit des deutschen Reiches untergeben ist; ja dass er auch in der inneren Gesetzgebung ganz neue Bahnen vorzeichnete und selbst beschritt, damit wir auf denselben zu innerem Frieden und wahrer, nicht bloss äusserlicher Einigkeit gelangten. Man wird den Monarchen gross preisen, der das gethan, und das Volk glücklich, dass ihm ein solcher Herrscher gegeben wurde. Doch nicht von der Zukunft so sehr möchte ich jetzt reden, als von der Vergangenheit. Nicht Seher sind wir, sondern Forscher, die auch durch Aufhellung dessen, was die Menschheit in der Vergangenheit war und erstrebte, der Gegenwart dienen wollen. Die socialen Zustände in alten Tagen und unter andern Völkern mögen uns heute beschäftigen, wie die in der Gegenwart und in unserm Volke alle die, welche in der Lage sind und es mit dem Vaterlande wohl meinen, nach dem Vorbilde Sr. Majestät stets beschäftigen.

Von Alters her, so lange es geordnete Gemeinwesen unter den Menschen gab, sind auch Missstände in denselben gewesen, deren erste Ursache in der natürlichen Ungleichheit der Begabung lag, die aber dann im Verlaufe der Zeit sich auch unabhängig von dieser befestigten und steigerten. Eine sociale Frage indess ensteht erst dann, wenn die unter diesen Missständen Leidenden nicht nur dies Leiden, sondern auch eine gewisse Kraft des Widerstandes in sich fühlen. Es ist alsdann die Aufgabe einer weisen Gesetzgebung, gefährliche und die gesammte Ordnung des Gemeinwesens bedrohende Bewegungen rechtzeitig einzuschränken, durch Beseitigung oder Abschwächung der Ursachen die sie hervorrufen, nämlich der Missstände, und diese Aufgabe ist öfters in der Geschichte mit Erfolg gelöst worden, so dass eine Katastrophe auf die Dauer unterblieb. Sehr viel kommt dafür auch auf die Festigkeit der Ordnung selber an, nicht nur auf die materielle Macht derjenigen, die diese Ordnung schützen, sondern auch auf die Gewöhnung der gesammten Bevölkerung an dieselbe, dazu auch auf das Mass von Gemeinsinn, welcher derselben innewohnt. In der römischen Republik sind die socialen Missstände von Anfang an sehr gross gewesen, aber noch grösser der Gemeinsinn, und so ist es möglich gewesen, ohne durchgreifende Massregeln der Gesetzgeber, den Greueln einer Revolution viele Jahrhunderte lang immer vorzubeugen und die Bürgerschaft nach aussen hin einig und stark zu erhalten. Es möge mir aber verstattet sein, Ihre gütige Aufmerksamkeit heute nicht auf dies grösste Gemeinwesen des klassischen Alterthums, sondern auf ein viel kleineres hinzulenken, welches gleichwohl in der Geschichte der Menschheit einen nicht minder unvergänglichen Namen sich erworben hat. An Athen hat sich das Orakel erfüllt, mit welchem bereits im fünften Jahrhundert vor Christus die Athener sich gerne trugen:

„O glückselige Veste der beuteführenden Pallas,
Viel wirst du schauen, viel leiden und viel der Mühen bestehen,
Endlich auf ewige Zeit ein Adler sein in den Wolken."

Die ideale Grösse dieser Stadt, bleibend und unvergänglich über allem Wechsel des Irdischen, auch über dem Untergange ihrer eignen materiellen Macht und Grösse, hätte nicht glücklicher ausgedrückt werden können. An Athen allein unter allen Stätten, die für die Entwickelung der Menschheit bestimmend gewesen sind, heften sich keine Erinnerungen von ungeheuren Leiden und frevelhaftem Thun, von Versinken in ein gräuelvolles Genussleben, vor allem, was uns hier angeht, keine von schrecklichen socialen Katastrophen. Dazu hat, so lange die Bürgerschaft selbständig über ihre Geschicke verfügte, der starke Gemeinsinn in ihr wesentlich gewirkt, und die Eingewöhnung in eine feste Ordnung, die zu durchbrechen man sich scheute. Das Uebrige hat die Gunst des Schicksals gethan, welches der Stadt von Anfang an die Bedingungen für eine weltbeherrschende Macht versagte, und mit der Unfruchtbarkeit des Bodens die Bewohner zu der Mässigung in allem und zu der Geringachtung des Materiellen anleitete, welche das athenische Volk' so gross gemacht haben. An socialen Missständen hat es darum nicht gefehlt, auch nicht an Bewegungen, doch stellte sich immer wieder bald ein leidlicher Zustand heraus, und ein solcher war auch in der Periode der attischen Geschichte, die wir aus litterarischen und sonstigen Dokumenten, was die inneren Verhältnisse betrifft, mit am besten kennen, nämlich im vierten Jahrhundert vor Christus. Lassen Sie uns also es uns klar zu machen suchen, wie in der angegebenen Zeit die socialen Zustände Athens waren, und wie es kam, dass bei allen Missständen nicht nur keine Katastrophe, sondern auch nicht einmal eine Bewegung eintrat. Ein kurzer Rückblick auf die frühere Geschichte wird dafür unerlässlich sein.

Die schlimmsten Zustände, die in dem kleinen Lande jemals gewesen waren, fallen in die Zeit unmittelbar vor der solonischen Gesetzgebung und wurden durch diese beseitigt. Grosse Ungleichheit der Vertheilung von Grund und Boden und überhaupt des Vermögens, ein hartes Schuldrecht, politische Unfreiheit der grossen Masse der freien und eingeborenen Bevölkerung, das waren die Ursachen, die anderswo in Griechenland zu wilder Revolution uud zu solchen Massregeln führten, wie die Neuaustheilung des gesammten Grund und Bodens war. Solon gab der Masse des Volkes einen gewissen Antheil an der Regierung, reformirte das Schuldrecht, und gewährte für einmal einen

Erlass der Schulden, über dessen Mass und Beschaffenheit die Ueberlieferungen und die Meinungen verschieden sind. Durch alles wurden die Ursachen der Unzufriedenheit soweit abgeschwächt, dass die nachfolgenden Parteikämpfe einen immerhin gemässigten Charakter bewahrten. Das schliessliche Ergebnis derselben war eine vollere Entwicklung der Demokratie; die Ausgestaltung dieser Staatsform geschah dann im fünften Jahrhundert, der socialen Massnahmen dagegen hat es seit Solon nicht wieder bedurft. Die grossen attischen Familien scheinen nachmals in der That, wie das ein Schriftsteller des 4. Jahrhunderts von der alten Zeit rühmt, ihren Reichthum nicht sowohl zur Bedrückung als zur Gewinnung der grossen Menge der Mittellosen benutzt zu haben, so dass sich vielfach Clientelverhältnisse bildeten, die auf beiderseitigem Wohlwollen beruhten. Der reiche Besitzer gab dem Armen ein Stück Land gegen mässige Rente in Pacht, oder er schickte ihn auf Handelsreisen aus, oder streckte ihm zu seinem Handwerk ein Betriebscapital vor. Andererseits gewährte die grosse Macht, welche Athen nach den Perserkriegen sich nach aussen erwarb, reichliche Gelegenheit zur Versorgung der armen Bürger, die in grossen Mengen, ähnlich wie später in Rom, in auswärtigen Kolonien Land zugewiesen erhielten. Mit dem peloponnesischen Kriege aber und durch denselben trat eine gewaltige Veränderung zum Schlimmen ein. Die Demokratie wurde zur Herrschaft des an Zahl mächtig angewachsenen städtischen Pöbels; die socialen Gegensätze schärften sich auf beiden Seiten, und es kam schliesslich, unter der Wirkung der grossen Unglücksfälle draussen, zu einem zweimaligen Umsturze der Demokratie. Dazu ging aller auswärtige Besitz verloren, und die entsetzlich lange Kriegsnoth ruinirte das Vermögen daheim. Als nun, mit dem Jahre 403 v. Chr., die auf den Krieg gefolgte Herrschaft der Dreissig gestürzt und die alte Demokratie hergestellt war, da war zwar diese durch die Erinnerung an die schauderhafte Regierung der sogenannten Guten und Besten fester als je begründet, aber die schlimmen Wirkungen und Gewöhnungen der verflossenen Zeit machten sich im politischen und socialen Leben überall aufs Böseste fühlbar.

Es ist ein bekanntes Wort, welches in einem platonischen Gespräche Sokrates zu seinem Mitunterredner äussert: „ich habe mir sagen lassen, dass Perikles die Athener faul, feige, schwatzhaft und geldgierig gemacht habe, indem er zuerst die Soldzahlung einführte," worauf jener, dem Sinne nach, erwidert: „Von den Nachäffern der Spartaner hast du dir das sagen lassen, Sokrates." Das Wort hat

nichts destoweniger, da es von Platon kommt, guten Anspruch auf
genaue Erwägung. Da ist es nun, was die Feigheit betrifft, Thatsache,
dass die Athener, seitdem sie im J. 424 bei einem Einfalle in Böotien
von den Böotern völlig geschlagen waren, es überhaupt nie wieder
gewagt haben sich diesen Nachbarn zum Kampfe zu stellen, ausser
wo sie selbst, wie bei Mantinea, die Spartaner zur Seite hatten; auch
nicht nachmals dem Philipp von Makedonien, bis sie die Böoter zu
Verbündeten erhielten. Diese geringe Selbstschätzung war nicht blos
eine Folge von Niederlagen, sondern es lagen auch die Schäden des
Heerwesens offen zu Tage, nämlich einmal die Disciplinlosigkeit, indem
im schärfsten Gegensatze zu Sparta es in Athen für anständig galt,
den Vorgesetzten und Beamten gegenüber nicht allzu gehorsam zu
sein, und sodann die geringe Pflege der körperlichen Kraft und
Geschicklichkeit, weswegen auch gar keine Virtuosen der Athletik und
olympischen Sieger mehr aus Athen hervorgingen. Das demokratische
Gleichheitsgefühl begünstigte es nicht, dass jemand sich Mühe gab
kräftiger und behender zu sein als die grosse Masse; somit ging die
Pflege der Leibesübungen auf das nothdürftigste Mass herunter. —
Von den andern Vorwürfen Platons ist der der Geschwätzigkeit leicht
durch zahlreiche Stellen zu erhärten, wo auf die Sitte der Athener,
in einem bestimmten Laden oder einer Werkstatt um den Markt sich
täglich ein Stelldichein zu geben und die Stunden zu vergeuden, Bezug
genommen wird; ein Wirthshausleben der jungen Leute hat sich
nämlich erst im vierten Jahrhundert entwickelt. Der Müssiggang ist
hiermit auch schon einigermassen gegeben; für diesen indess wie für
die Geldgier und auch für die Gewöhnung zu schwatzen und zu
kannegiessern ist die demokratische Einrichtung der Soldzahlung, auf
die Platon hinweist, ein besonderes Beförderungsmittel gewesen. Der
grosse Perikles nämlich hatte es eingeführt, dass für jede öffentliche
Dienstleistung eines Bürgers Diäten gezahlt wurden: mochte er als
Geschworener sitzen, oder als Mitglied des Rathes der Fünfhundert,
oder im Heere, oder als Ruderer auf der Flotte Dienste thun: er that nichts
umsonst für den Staat, und darin sieht der allerdings stark aristokratisch
denkende Platon eine gemeine Geldgier. Vergessen wir nicht, was
diese demokratische Einrichtung Berechtigtes und Ideales in sich trug.
Sollte wirklich, gemäss der Idee der Demokratie, die gesammte Bürgerschaft am Staatsleben thätigen Antheil nehmen, so war es unumgänglich,
den Unvermögenden die nothdürftigste Entschädigung zu gewähren;
wollte man dagegen den alten Begriff der Ehrenpflicht streng fest-

halten, so zogen sich die Armen davon zurück, und das Staatswesen blieb in den Händen der Besitzenden. Perikles wollte aber die Kräfte des gesammten Volkes in den Dienst des Staates stellen, und nur dadurch ist thatsächlich die ganz beispiellose Kraftentfaltung Athens im 5. Jahrhundert möglich gewesen. Aber die edle Gewöhnung, für den Staat zu leben, hatte nur zu viel Gemeinschaft mit der andern, vom Staate zu leben, und diese konnte, in Friedenszeiten, sich recht wohl als Müssiggang darstellen, zumal in Verbindung mit der Entwöhnung von sonstiger Arbeit. Nun gab den Athenern ihr Staatswesen auch nur so lange ständig zu thun und zu leben, als sie ihr grosses Reich hatten; nach dem Ausgange des peloponnesischen Krieges aber war dies verloren, und doch die frühere Gewöhnung und Entwöhnung geblieben, sammt ausserordentlich gesteigerter materieller Noth, weil durch den Krieg das aufgesammelte Vermögen der Einzelnen nicht minder wie des Staates aufgezehrt war, und der Verlust des auswärtigen Besitzes die ganze Masse der vordem ausgesandten Kolonisten völlig mittellos nach Athen zurückgeführt hatte.

Es bot nun in der That das Land Attika für die Masse Menschen, die es in jener Periode des Alterthums nähren sollte, die genügenden Mittel des Unterhaltes in keiner Weise dar. Attika glich schon damals, nach einem Vergleiche Platons, einem Körper, der durch lange Krankheit bis auf die Knochen abgezehrt ist: so sehr war im Laufe der Zeiten und besonders durch uralte Waldverwüstung das Erdreich abgeschwemmt und abgespült und der harte Felsboden zurückgeblieben. Man beackerte gleichwohl, was sich irgend beackern liess, und trieb ausserdem Weinbau und Baumzucht, letztere auch für den Export von Oel und Feigen, da die Qualität vorzüglich war. Von Viehzucht war nur die von Schafen und Ziegen erheblicher. Es ist nun klar, dass für eine Bevölkerung, die sich nach einzelnen erhaltenen Angaben auf 550,000, Sklaven und Freie, veranschlagen lässt, die 40 Quadratmeilen nicht guten Landes den Bedarf zunächst an Getreide nicht hergaben, und so musste dieses in grossem Masse importirt werden. Indessen hatte das Land sehr viele sonstige natürliche Hülfsquellen und Begünstigungen des Wohlstandes. Die Berge boten herrlichen Marmor, der weit im Auslande begehrt wurde; ferner gab es Lager feinen Thons, an die sich eine alte Töpferindustrie anschloss; auch deren Erzeugnisse, die bekannten Vasen, werden weithin nicht nur in Griechenland, sondern namentlich auch in Italien gefunden. Die Hauptsache aber waren die Silberbergwerke von Laureion, seit sehr alter

Zeit bebaut und noch zu Xenophons Zeiten geradezu unerschöpflich scheinend, und die sehr günstige Lage für den Handel, recht in der Mitte Griechenlands, sammt dem trefflichen Hafen Peiraieus. So hatte sich von langer Zeit her neben der landbauenden eine industrielle und handeltreibende Bevölkerung gebildet, und bis zu Alexanders Zeit gab es weit und breit keinen Handelsort, der sich mit 'Athen hätte vergleichen können, so sehr war es der allgemeine Stapelplatz für die Güter aller Länder geworden. Fast in demselben Verhältnisse war es denn auch die reichste Stadt, nicht nur in der Zeit seiner Herrschaft, sondern auch in der, die uns hier beschäftigt. Und dennoch gab es unter den Bürgern selbst so viele Armuth, dass als im Jahre 322 durch die siegreichen Makedonier die Verfassung geändert und die Theilnahme an den Bürgerrechten an einen Census von über 2000 Drachmen Vermögen, sagen wir rund 2000 Francs, geknüpft wurde, 12000 Bürger unter 21000, d. i. etwa 57 Procent, ihrer Rechte verlustig gingen. Wenn uns dies Verhältniss, im Vergleich zu unsern eigenen Zuständen, noch nicht gerade schlimm erscheint, so ist zu bedenken, dass die Sklavenbevölkerung ausserdem da war, drei- bis vierfach stärker als die bürgerliche, so dass von der Gesammtbevölkerung, abgesehen von den Fremden, wirklich ein sehr kleiner Theil diesen mässigen Census erreichte. Das Vermögen ist also auch in Athen sehr ungleich vertheilt gewesen, wenn auch nicht in dem Masse ungleich wie nachmals in Rom, wo neben einer übergrossen Masse völlig Besitzloser eine geringe Zahl ebenso masslos Reicher stand, oder wie in der römischen Zeit in Athen selbst, wo der eine Herodes Attikus mehr gehabt haben muss als alle seine Mitbürger zusammen. Dagegen für das vierte Jahrhundert v. Chr. ist es fraglich, ob irgend ein Mensch in Athen mehr als 1 Mill. Mark nach unserem Gelde besass, und der Grundbesitz, wenn auch bereits über das massenhafte Aufkaufen von Land seitens Einzelner gesprochen wird, war doch im ganzen noch in sehr viele und oft sehr kleine Theile zerstückelt. Ebenso fing es zu Demosthenes Zeit erst an, dass die Reichen sich grossartige Wohnhäuser bauten, die mit der Pracht der öffentlichen Gebäude wetteifern konnten; im allgemeinen nämlich und von früheren Zeiten her herrschte im Bau der Privathäuser die dürftigste republikanische Einfachheit, und die Wohlhabenden legten ihr Geld entweder in Landhäusern oder in der inneren Einrichtung an, statt durch auffällige Bauten in der Stadt den demokratischen Geist der Gleichheit zu verletzen. Noch in einer Reisebeschreibung aus dem 3. Jahrhundert lesen wir, dass wer als Fremder zuerst nach Athen komme, es anfangs gar nicht glauben könne, dass dies Athen sei. Auch im täglichen Leben war dieselbe Einfachheit und Bedürfnisslosigkeit, die aber dennoch, wie wir sahen, bei einem sehr grossen Theile der Bürger durch die Mittellosigkeit noch übertroffen wurde. Fragen wir, woher das kam, so ist kaum eine andere Antwort als diese: man wollte leben ohne zu arbeiten, und das ist ja gerade der Vorwurf der Faulheit, den Platon seinen Landsleuten macht. Es gilt hier vor allem richtig zu sehen, wie denn die Zustände in Industrie, Handwerk, Handel dazumal waren. Es gab eine Masse Fabriken in Athen, von der verschiedensten Art; aber Bürger war, gerade wie auch in den Bergwerken, höchstens der Besitzer, die sämmtlichen Arbeiter einschliesslich des Werkmeisters Sklaven, die man vom Auslande her ziemlich billig bezog; nur der Meister stand natürlich höher im Preise. Es bedurfte also nur eines Anlagekapitals, um eine Brotfabrik, eine Fabrik wollener Stoffe, eine Schwertfegerei, eine Stuhlmacherei oder was es sonst war, zu errichten, und gegen diesen Grossbetrieb mit Sklavenkraft konnte natürlich kein Kleinbetrieb aufkommen. Indes auch in den Arten der Produktion und des sonstigen Gewerbes, wo diese Concurrenz nicht war, und sogar im Importhandel scheinen nicht allzu viele Athener thätig gewesen zu sein; vielmehr lag dies alles vorzugsweise in den Händen der ansässigen Ausländer, nach athenischem Sprachgebrauche der Metöken. Wir haben eine inschriftliche Rechnungslegung über öffentliche Bauten, aus dem Jahre 408, wie es scheint; unter denen, an welche laut dieser Rechnung Zahlung geleistet worden ist, sind Athener erstlich der Architekt und sein Secretair, sodann zwei Bildhauer, acht sonstige Steinarbeiter; dagegen der ganze Rest von Unternehmern, Arbeitern, Händlern für den Bezug des Rohmaterials, sind, von den Sklaven abgesehen, entweder nach bestimmter Bezeichnung oder nach wahrscheinlicher Annahme Metöken, im ganzen etwa dreimal so viel an Zahl als die beschäftigten Bürger. Eine um 80 Jahre spätere Inschrift ähnlicher Art, von den Verwaltern der eleusinischen Heiligthümer aufgestellt, weist ein noch geringeres Verhältnis der Bürger zu den Metöken auf, nämlich, wenn man einige der nicht näher bezeichneten Leute als Sklaven ausscheidet, etwa von 1 zu $4^1/_2$, oder 18 Prozent Bürger, 82 Prozent Metöken; dazu sind unter den Bürgern zwei lediglich Grundbesitzer, welche bestimmte Arten Erde liefern. Ein Arbeiter ist diesmal unter den Bürgern nicht; ein Schuhmacher, welcher das Schuhwerk für die öffentlichen Sklaven liefert, ist jedenfalls als Fabrikant anzusehen. Eine dritte grosse Rechnung über Bauten des Staates, die man noch einige Jahre später ansetzt, nennt Bürger und Metöken wieder im Verhältnis von 1 zu 3. Dabei versteht sich nun von selbst, dass die athenischen Beamten, wenn ein Bürger und ein Metök sich um eine Lieferung oder Leistung zum Bau bewarben, den ersteren bei gleichen Bedingungen immer bevorzugten. Die Fremdenbevölkerung in Attika, deren Zahl natürlich in den verschiedenen Perioden durchaus nicht gleich blieb, betrug nach dem Census des Jahres 309 10000 selbständige Leute, während selbständige Bürger mehr als doppelt so viel waren; aber da die Metöken nur durch besondere Verleihung an den Einzelnen seitens des Volkes zum Erwerb von Grundbesitz berechtigt waren, so kommen sie für die ackerbautreibende Bevölkerung gar nicht in Rechnung, und mussten sämmtlich in Industrie oder Handwerk oder Handel beschäftigt sein. Es waren sehr viele Nichtgriechen darunter, auch freigelassene Sklaven; schon die Namen zeigen grossentheils den fremdländischen Ursprung. Dass nun aber von den Bürgern jemals über erdrückende Concurrenz seitens der Metöken geklagt würde, finden wir schlechterdings nicht; man sah in ihrer Betriebsamkeit eher einen Vortheil für den Staat. In alter Zeit allerdings hatte Solon das Feilbieten auf dem Markte den Nichtbürgern untersagt, jedenfalls um diesen Erwerbszweig den Bürgern zu wahren; mit der Erneuerung dieses Gesetzes im 4. Jahrhundert hatte man aber die dasselbe aufhebende Bestimmung verbunden, dass der Nichtbürger, wenn er dennoch feilbieten wollte, eine besondere Gewerbesteuer zu entrichten hatte. Also je mehr Fremde auf dem Markte sassen, desto höher die Einnahme für den Staat, d. i. für die Bürgerschaft, und thatsächlich wird im 4. Jahrhundert der Markt von Fremden voll und von Bürgern leer gewesen sein. In einer demosthenischen Rede, mit welcher ein armer Bürger seine echt bürgerliche Abkunft gegen das Urtheil seiner Gaugenossen vertheidigt, kommt als Argument der Gegner vor, dass seine Mutter Ammendienste gethan, sowie dass sie auf dem Markte wollene Bänder feilgeboten habe; hieraus folgerte man also, sie könne keine Bürgerin sein. Anderswo nennt Demosthenes beispielshalber als Stände der Bürger die Landbauer, die Bergwerksbesitzer, die importirenden Kaufleute — diese sind streng von den Krämern geschieden, wie auch heutzutage in grossen Handelsplätzen —, endlich die berufsmässigen Volksredner, welches, wie Demosthenes sagt, nach allgemeiner Ueberzeugung der moralisch schlechteste Stand war. Hingegen in einem Gespräche des Sokrates, welches Xenophon berichtet, werden als die Volksversammlung zusammensetzend aufgezählt die Walker, die Lederarbeiter, die Zimmerleute, die Schmiede, die Landbauer, die Kaufleute, die Höker auf dem Markte. Also damals, im 5. Jahrhundert, müssen noch zahlreiche Bürger diesen Berufsarten obgelegen haben; allmählich aber wurde auch der arme Athener zu vornehm dazu, ein Handwerk oder eine Hökerei zu betreiben. Die Griechen haben allerdings wohl den Satz gekannt, dass keine Arbeit schände, dagegen der Müssiggang schände, wie beim alten Hesiod steht; aber Sokrates' Ankläger warfen es demselben vor, dass er diesen Spruch beifällig angeführt und damit die Leute' gelehrt habe, um des Gewinnes willen alles für erlaubt zu halten. Wäre es noch ein anerkannter Grundsatz gewesen, dass Arbeit nicht schände — gleichwie vor Zeiten Solon die Beschäftigungslosigkeit sogar stralbar gemacht hatte —, so hätte man das dem Sokrates nicht so missdeuten können. Aber mehr und mehr ist im griechischen Alterthum überhaupt die Anschauung zur Geltung gekommen, dass die Arbeit der Hände, ausser etwa im Landbau, den Freien herabwürdige, dass solche Arbeit Sklavensache sei, Musse dagegen zur Freiheit gehörig. Sogar die gesetzlichen Institutionen der Staaten drückten vielfach den Handwerkerstand als solchen herunter, jedenfalls aber die öffentliche Meinung; Korinth wird als eine Ausnahme bezeichnet. Nun darf nicht verkannt werden, dass das ideale Streben, welches die Griechen auszeichnet und welches sie zu solchen für alle Zeiten denkwürdigen Leistungen befähigt hat, ohne eine Geringschätzung der Nothwendigkeiten des täglichen Lebens nicht bestehen konnte; wer aber die Dinge des täglichen Lebens gering achtete, kam leicht dazu, auch die Leute gering zu achten, deren ganze Beschäftigung und deren ganzes Sinnen und Denken in diesen Dingen aufging. Wir leben unter dem Einflusse der christlichen Weltanschauung, welche jeder noch so niedrigen Arbeit so zu sagen eine transscendente Beziehung giebt, und es zugleich ermöglicht, dass in dem höchsten idealen Streben der Gebildete und der Ungebildete sich zusammenfinden, ohne dass es den letzteren darin schädigte, dass er um das tägliche Brot täglich arbeiten muss; dagegen der alten Welt mangelte dies Mittel, um mitten in den Nothwendigkeiten frei, mitten in den niedrigen Dingen hochstrebend zu sein. Sollte also nicht die Anschauung überhandnehmen, dass der Mensch nur dazu da sei, um Geld erst auf irgend eine Weise zu verdienen und dann zu verzehren, so musste die andere hochgehalten werden, dass diese Art von Leben unter der Würde des Menschen sei, zum mindesten unter der Würde des freien Griechen. Auch wir denken nicht wie die Amerikaner, dass jede Arbeit gleichwerthig sei, ausser etwa unter dem Gesichtspunkte der Pflichterfüllung. Dies ist aber wieder ein religiöses Princip, und erst durch das Christenthum eigentlich zur Geltung gekommen. Doch wir kehren zu unserm Gegenstande zurück. Die Fremden also waren es, welche zu Athen im 4. Jahrhundert für die täglichen Bedürfnisse des Lebens, soweit nicht das Land dieselben hergab, durch ihre Arbeit hauptsächlich sorgten. Der athenische Staat aber, der ihnen dies erlaubte, zog seinen Gewinn davon: erstlich durch die erwähnte Gewerbesteuer; sodann durch die Personalsteuer von 1 Drachme monatlich, die jeder Metök zu zahlen hatte; ferner unterlag alles, was importirt oder exportirt wurde, einem Import- bezw. Exportzolle von 2 Procent des Werthes; also die Blüte der Industrie und des Handels, wer immer dies betrieb, füllte die Kasse des athenischen Volkes. Man nahm deshalb auch gar keinen Anstoss daran, mit den andern Importartikeln auch das eingeführte Korn mit diesem Zolle zu belasten; denn was vielleicht auch anderswo der Fall ist, war in Athen besonders sichtlich: nämlich dass dieser Zoll, der in die gemeinsame Kasse sämmtlicher Bürger floss, mittelbar auch jedem einzelnen Bürger zu Gute kam. Aus dieser gemeinsamen Kasse erhielten Jahr für Jahr 500 Bürger, die gerade Rathsherrn waren, einen täglichen Sold von 1 Drachme; ferner die Tausende, die in den grossen Volksgerichtshöfen als Geschworene sassen, zu 500 oder zu 1000 oder wie stark immer der Gerichtshof jedesmal war, Diäten im Betrage von 3, im 4. Jahrhundert von 4 Obolen, d. i. $^1/_2$ bezw. $^2/_3$ Drachme; sodann waren im 4. Jahrhundert auch für den Besuch der Volksversammlung Diäten eingeführt, 3 Obolen = $^1/_2$ Dr. betragend; dazu kamen die Geldvertheilungen an den Festen, wovon gleich nachher zu reden. Und dabei wurde der Staatshaushalt hinsichtlich dieser regelmässigen Ausgaben lediglich aus den Erträgen der Zölle, den Pachtgeldern, den Succumbenz- und Strafgeldern u. s. w. bestritten; direkte Steuern, und zwar stark progressive Vermögenssteuern, wurden nur in Kriegszeiten ausserordentlicher Weise aufgelegt. Nun ist es klar, dass diese regelmässigen Einnahmen in ihrem Betrage gar sehr schwanken mussten, je nachdem das Geschäft und der Handel blühten oder nicht, und je nachdem von den Finanzbeamten gut oder schlecht gewirthschaftet wurde. Es gab im 4. Jahrhundert eine Zeit, wo die gesammte Einnahme nur 180 Tal. betrug, nach unserem Gelde etwa 624000 ℳ; dann hoben sich die Einnahmen auf 400 Tal. = 1,920000 ℳ, dann auf

1200 Talente = 5,760000 ℳ. Standen nun die Finanzen gut, so konnten gemeinnützige, ja monumentale Bauten ausgeführt werden, deren auch das 4. Jahrhundert wenigstens aus der besten Zeit, der demosthenischen, noch eine ganze Reihe aufzuweisen hat, und es kam an die einzelnen Bürger aus der gemeinsamen Klasse eine Menge Geld in dieser oder jener Form zur Vertheilung. Bei schlechtem Stande der Finanzen hingegen stockte alles, und die Noth wurde um so grösser, als nun einmal eine Menge Bürger auf den Staat als ihren Ernährer blickte. Die nichtsnutzigen Demagogen jener Zeit hatten es nämlich auch eingeführt, alle Ueberschüsse aus den Einnahmen an den Festtagen zur Vertheilung zu bringen, statt diese Gelder laut der Vorschrift der alten Gesetze als Reservefonds für Kriegsfälle anzusammeln. Diese Einrichtung der Theorika, wie man sie nannte, rührt in ihren Anfängen von Perikles her, und hatte bei diesem noch einen sehr idealen Charakter; denn um den Genuss der Kunstschöpfungen im Theater an den Dionysien auch dem Aermsten zu ermöglichen, wurde jedem Bürger das Eintrittsgeld, welches der Theaterpächter erhielt, im Betrage von 2 Obolen vom Staate gezahlt. Aber mehr und mehr wurden diese Spenden auch auf andere der zahlreichen Feste ausgedehnt und in ihrem Betrage so gesteigert, dass wir aus dem demosthenischen Zeitalter ein Beispiel einer Austheilung zu 5 Drachmen haben. Dies Theorikon nun war nicht die Entschädigung für eine Leistung, wie die verschiedenen Arten des Soldes, sondern die Athener waren mit der Ueberhandnahme dieser Spenden dahin gerathen, ihre Staatskasse als die gemeinsame Vergnügungskasse zu betrachten. Es konnte trotzdem auf den Einzelnen auch in guten Zeiten wenig genug kommen, und sehr treffend vergleicht Demosthenes diese Art des Unterhalts mit der Kost der Kranken, welche weder Kräfte gebe noch sterben lasse. So billig war es in Athen doch auch nicht, dass eine Drachme für eine Familie weit gereicht hätte: in der Rechnungslegung von 329, die ich vorhin benutzte, wird eine halbe Drachme als täglicher Unterhalt eines öffentlichen Sklaven — nämlich auch der Staat hatte Sklaven — in Rechnung gestellt; ein freier Arbeiter dagegen von gewöhnlicher Art erhält täglich $1^1/_2$ Dr. (1 ℳ. 20 Pfg.), bei eigner Verköstigung, und ein feinerer Arbeiter sogar $2^1/_2$ Drachme (2 ℳ.). So sehr war alles theurer geworden, denn im Jahre 409 werden nur 1 bezw. $1^1/_2$ Dr. Tagelohn verrechnet. Die Athener hätten sich also sehr viel besser gestanden, wenn sie den Metöken die Arbeit abgenommen hätten; da sie aber hierfür zu vornehm waren, so hungerten und froren sie weiter, und die Einzigen, die sich bei dieser Staatswirthschaft gut standen, waren die Demagogen, welche durch die Spenden, in denen sie mit einander wetteiferten, den Dank des Volkes, unbeschränkten Einfluss bei demselben und damit die Gelegenheit zu reichlichem Geldgewinn erwarben. Es ist merkwürdig, sagt einmal Demosthenes, dass diese Volksredner alle angeben lediglich das Interesse des Volkes zu vertreten, und dass dabei das Volk, in dessen Interesse alle sich bemühen, nicht aus seiner schlechten Lage herauskommt, die Redner dagegen, die alles für das Volk und nichts für sich selber thun, aus Dürftigkeit zu glänzendem Vermögen gelangen. Das Schlimmste aber war, dass das Elend der Menschen, durch die Spenden nur hingehalten, auf die Dauer den socialen Frieden gefährdete, und zweitens, dass die Machtstellung des Staates durch die elende Finanzwirthschaft Noth und Gefahr litt. Ueber diese beiden Punkte, sowie über die Reformen, die von Einzelnen versucht wurden, gestatten Sie mir noch etwas zu sagen.

Ich habe schon erwähnt, dass zu den regelmässigen Einnahmen des Staates auch die Strafgelder gehörten. Diese Einnahme nun liess sich nöthigenfalls auch steigern. Es gab eine Menge Verbrechen und Vergehen, auf denen Geldstrafe in beliebiger Höhe, ja Confiskation des Vermögens stand, und ferner gab es zahlreiche Leute, die sich selbst Wächter oder Hunde des Volkes nannten und die freiwilligen Staatsanwälte machten, da offizielle immer nur für den einzelnen Fall ernannt wurden. Nun hatten die reichen Leute in Athen im übrigen eine ganz gute Stellung. Gleichwie in anderen Demokratien, hatte die allgemeine Nivellirung vor dem Gelde Halt gemacht, und auch die Gleichheit vor dem Gesetze war zwischen Arm und Reich wohl dem Princip nach, aber nicht thatsächlich vorhanden. Der reiche Mann hatte, wie es einmal treffend ausgedrückt wird, gleichsam einen Wall um sich, sodass man im ersten Anlauf ihm nichts anhaben konnte; ihn schützten seine zahlreichen Verbindungen und namentlich die Gattung von Freunden, welche auf amerikanisch ein Ring, auf griechisch eine Hetärie heisst, Leute die auch zum Zeugnis vor Gericht für ihren Patron jederzeit zu haben waren. Verging sich also der Arme, so wurde er alsbald gefasst und strenge Strafe über ihn verhängt; that dasselbe der Reiche, so folgte Aufschub auf Aufschub, bis die Sache halb vergessen war. Ferner, wenn die den Besitz treffende öffentliche Belastung im ganzen Alterthum und so auch in Athen sehr stark war und nur vermöge der ausserordentlich hohen Verzinsung des Geldes überhaupt getragen werden konnte, so hatten doch die Reichen ihre

Mittel und Wege, um bei den schwersten dieser Lasten, wie der Ausrüstung der Schiffe für den Krieg, das Meiste von sich auf den Mittelstand abzuwälzen. So lange nun das Volk sich leidlich wohl befand und nicht ausgehungert war, ging so alles seinen Gang; war aber die allgemeine Noth gross, wie in den ersten Zeiten des vierten Jahrhunderts nach dem grossen Kriege, dann wurde der Reichthum zur Gefahr, und die Redner erklärten wohl vor Gericht, die Verurtheilung sei nothwendig, weil sonst keine Mittel zur Soldzahlung da sein würden. Diese Furcht machte auch naturgemäss die Bemittelten zu Gegnern der Soldzahlungen und der Spenden, nicht nur im patriotischen, sondern auch im eigenen Interesse. Denn die Gier des Volkes wurde durch die von Zeit zu Zeit hingeworfenen Brocken nur gereizt, und man konnte voraussehen, dass wenn nichts Gemeinsames mehr zu vertheilen übrig sei, das Vertheilen dennoch nicht aufhören werde. Thatsächlich indes hemmte einerseits die Gutmüthigkeit und Genügsamkeit des gewöhnlichen Atheners, und andererseits der bei Leuten, die niemals ihre Kräfte üben und gebrauchen, unausbleibliche Mangel an Selbstgefühl, sodass es zum Schlimmsten nicht kam, ja dass man oft den Angeber trotz aller Aussichten auf Vertheilung, die derselbe vermöge der beantragten Confiskation eröffnete, schimpflich abfallen liess; aber die Grösse des Staates freilich ging bei dieser Wirthschaft, die man als ein Wirthschaften vom Kapital bezeichnen kann, unfehlbar zu Grunde. Denn die grossen Einnahmen aus Zöllen und so fort waren eine Folge der Grösse und Machtstellung des Staates; dies Kapital aber, durch unerhörte Anstrengung der Vorfahren zusammengebracht, liess man in Vernachlässigung zu Grunde gehen: man wollte auch im Kriegsfalle Fremde die Arbeit thun lassen, Metöken und Sklaven auf den Schiffen, Söldner im Landheer, und diese Söldner bezahlte man nicht einmal, sondern liess sie rauben und brandschatzen bei Freunden und Neutralen, während die Feinde gute Ruhe hatten. Auf diese Weise ist Philipp von Makedonien den Athenern über den Kopf gewachsen.

Man fragt nun, ob denn bei diesen Nothständen daheim und draussen niemand gewesen ist, der auf Besserung sann, oder auch unmittelbar praktische Reformen anstrebte. Da ist nun eine merkwürdige Schrift Xenophons, die derselbe im hohen Alter etwa 355 verfasste und die „von den Einkünften" überschrieben ist. Sie beschäftigt sich wenig mit der äusseren Politik, in welcher der Verfasser, im Einklange mit den damaligen Staatsleitern Athens, das System des grundsätzlichen Friedens vertritt, erörtert dagegen das Problem, wie die Athener sich aus ihrem eigenen Lande ausreichend nähren könnten. Was nun Xenophon vorschlägt, ist im wesentlichen eine Art Staatssocialismus: das Volk soll aus öffentlichen Mitteln, die durch eine ausserordentliche Umlage aufgebracht werden, im Handel, in der Bergwerksindustrie u. s. w. mit den Privaten in Concurrenz treten und hieraus dann eine Rente beziehen. Er verlangt kein Monopol, will im Gegentheil die Privatindustrie bestehen lassen; aber neben den Privatsklaven sollen in den Bergwerken die öffentlichen Sklaven arbeiten, in immer steigender Anzahl, indem ein Theil des gewonnenen Ertrages zur Anschaffung weiterer Sklaven verwendet wird, und so wächst die Rente immer höher. Ebenso soll der Staat Handelsschiffe bauen und dann vermiethen; ferner Gasthäuser für die Fremden, Verkaufsstätten und dergleichen mehr. Wir sehen nicht, dass von diesen Vorschlägen das Geringste ausgeführt worden wäre, und müssen auch sagen: der Verfasser hat sich sein Problem falsch und unlösbar gestellt. Er will den Bürgern ein Auskommen sichern, ohne dass sie dafür arbeiten. Dies darf man nun zwar nicht ohne weiteres damit vergleichen, wenn jemand in Deutschland derartige Forderungen erhebt: denn die Athener waren innerhalb der Bevölkerung von Attika nur eine bevorrechtete Klasse, welche von der Arbeit der übrigen Bewohner leben wollte. Die Spartaner haben diese Forderung viele Jahrhunderte lang thatsächlich durchgeführt, zu leben ohne zu arbeiten. Aber möglich war dies nur vermöge einer ausserordentlich angespannten Ausbildung und steten Uebung in dem, was den Spartanern nun als einziger Beruf oblag, nämlich im Kriegswesen; somit vermochten sie in Griechenland zu herrschen, und die andern Bewohner Lakoniens mussten dienen. Xenophon hätte also nicht zugleich die Friedenspolitik empfehlen dürfen; denn diese war es, welche den Staat herunterbrachte und die Hellenen entwöhnte, sich um Athen zu kümmern, weil von dort doch nie etwas zu hoffen oder zu fürchten war. Was sonst gegen seine einzelnen Vorschläge mit Grund vorgebracht ist, übergehe ich.

Der einzige grosse Staatsmann, den Athen im 4. Jahrhundert gehabt hat, Demosthenes, konnte selbstverständlich die Lage der Dinge so oberflächlich und optimistisch nicht auffassen. Er war nicht Finanzmann von Fache, sondern hatte sich von Haus aus der auswärtigen Politik zugewandt; aber bei den engen Zusammenhängen derselben mit der inneren hatte er frühzeitig seinen Blick auch auf diese gerichtet, und es konnte nicht fehlen, dass die Vereinigung von grossem Genie und lauterem Patriotismus etwas vermochte, um sowohl die Schäden zu erkennen als Mittel zur Abbülfe zu finden. Der Hauptschaden war der schon bezeichnete, dass das Volk sich gewöhnt hatte vom Staate zu leben, aber sich entwöhnt hatte für den Staat zu leben. Diese Pflicht also musste den Athenern zumeist eingeschärft werden, und der Redner ist nicht müde geworden, das zu thun, und dass seine Beredsamkeit von Erfolg gewesen ist, beweist die Energie der athenischen Kriegsführung im 2. Kriege mit Philipp, verglichen mit der Energielosigkeit im ersten. Im zweiten sind auch Geldmittel vorhanden gewesen; denn er setzte es durch, dass alle Ueberschüsse der Verwaltung, statt zu Spenden verwandt zu werden, in die Kriegskasse gingen. Niebuhr hat diesen Entschluss des armen Volkes als eine grosse patriotische That mit warmer Bewunderung gepriesen; denn die Spenden waren es, die diesen Leuten an einigen Festtagen den Luxus von Fleischspeisen schenkten, während sie sonst das Jahr rund nur Oliven, Kräuter und Zwiebeln mit trockenem Brot und gesalzenem Fisch assen. Wir würden aber irren, wenn wir meinten, dass Demosthenes die Spenden überhaupt habe abschaffen wollen. Was er forderte, war nur das: wer etwas vom Staate erhalten will, soll dafür das leisten, was nöthig ist und was er leisten kann. Ist also Krieg, so sollen die Bürger, jeder an seiner Reihe, zu Felde ziehen und dafür den Unterhalt empfangen; die, welche über das pflichtige Alter hinaus, d. i. über 60 Jahre alt sind, sollen als Aufseher und Verwalter nützlich beschäftigt und dafür ebenfalls besoldet werden. In Friedenszeiten aber, wenn wirklich nichts zu thun ist, lässt es Demosthenes zu, dass jemand auch ohne Leistung etwas empfange, was ihn vor der schlimmsten Entbehrung schütze. Wir haben leider seinen Plan nur in den Grundlinien: derselbe will eine Vermittelung sein zwischen der unter den Begüterten verbreiteten Anschauung, nach welcher das Spendungs- und Besoldungswesen überhaupt ein schlechter Auswuchs der Demokratie war, und der eingerissenen Unordnung und Verschwendung. Diese soll beseitigt, aber den Armen und Alten das, was sie jetzt vom Staate empfangen, nicht genommen werden. Wenn wir den Andeutungen folgen, so ergiebt sich die Idee, aus diesen Theorika eine öffentliche Armenunterstützung zu machen. Eine solche war in Athen nichts neues; denn schon um den Anfang des 4. Jahrhunderts finden wir die Einrichtung, dass die Leute, welche ihre Mittellosigkeit und Erwerbsunfähigkeit vor dem Rathe nachwiesen, eine

Unterstützung von 1 Obol (13 Pfg.) täglich erhielten. Demosthenes gebraucht hier den Vergleich, dass auch in den einzelnen Familien die Jungen nicht von den Alten verlangten, dass sie ebenso viel thäten wie sie selbst, wenn sie mit essen wollten; ebenso müssten sich im Staate die Jungen zu den Alten insgesammt stellen, als zu den Eltern der gesammten Bürgerschaft, und nicht nur ihnen nichts entziehen, sondern auch wenn diese Einrichtung nicht wäre, auf andere Weise für ihren Unterhalt Sorge tragen. Nun wusste der Staatsmann, dass die Unterstützungen für eine wirkliche Beseitigung des Nothstandes überall nicht zulangten; er hat also in Aussicht genommen, dass bei glücklicher Führung des Krieges gegen Philipp sich reichliche Gelegenheit bieten würde, um die armen Bürger in grosser Zahl mit Grundbesitz im Auslande zu versorgen. Dies war ja schon im 5. Jahrhundert geschehen, und gelegentlich im vierten, aber bei der bisherigen Kriegsführung waren die Gelegenheiten nicht häufig gewesen. Alle diese weiteren Pläne nun wurden durch die unglückliche Schlacht bei Chäronea völlig abgeschnitten. Demosthenes war zu spät gekommen, und mitten in die Regeneration und Reform hinein fiel der vernichtende Schlag. Die Athener des vierten Jahrhunderts hatten von dem Erbe ihrer Vorfahren, von deren Tüchtigkeit und Thatkraft leben wollen, und dies selbsterwählte Geschick wurde ihnen besiegelt. Die Stadt hat weiter bestanden, und sie ist überhaupt niemals bis auf diesen Tag zerstört worden, Dank grossentheils den Erinnerungen, die sich an sie knüpften und knüpfen, den unsterblichen Besitzthümern, wie Demosthenes einmal sagt, welche das frühere athenische Volk erworben. Aber die politische Grösse Athens ist seit jenen Tagen immer eine vergangene gewesen, und auch mit der litterarischen und geistigen Grösse nahm es nach Demosthenes ein rasches Ende; denn ein Volk, welches nicht arbeitet, lässt seine sämmtlichen produktiven Kräfte zergehen.

Hochverehrte Anwesende! Das Herrschergeschlecht der Hohenzollern hat von Jahrhunderten her seinen Beruf darin gesehen, die Kräfte seines Volkes in jeder Richtung stetig zu üben und zu stählen, und hat selbst das erhabenste Beispiel strengster Pflichterfüllung ihm vor Augen gestellt. Ohne dies Herrschergeschlecht würde Deutschland der Weinberg sein, dessen Zaun zerbrochen ist, dass ihn die wilden Thiere zerwühlen und verderben. Jetzt sind wir nach aussen gesichert und geschirmt; aber aus dem Innern drohen neue Gefahren. Möge es unserm Monarchen vergönnt sein, die sociale Reform, welche diesen

Gefahren begegnen soll, nicht nur verkündet und nicht nur angebahnt zu haben, sondern auch ihre erfolgreiche und gesegnete Durchführung zu schauen, allen Widerwärtigen zum Trotz. Vereinigen wir uns alle in dem Rufe: Se. Majestät Kaiser Wilhelm I., unser allergnädigster König und Herr, lebe hoch!

Druck von Schmidt & Klaunig in Kiel.

Naturalismus
und
Materialismus in Griechenland
zu Platon's Zeit.

Rede
zur

Feier des Geburtstages Sr. Maj. des Deutschen Kaisers Königs von Preussen

Wilhelm I.

gehalten

an der Christian-Albrechts-Universität

am 22. März 1887

von

Dr. Friedrich Blass

ordentlichem Professor der classischen Philologie

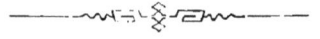

Kiel 1887.

Zu haben in der Universitäts-Buchhandlung.

Druck von Schmidt & Klaunig.

Naturalismus und Materialismus in Griechenland zu Platon's Zeit.

Rede

zur

Feier des Geburtstages Sr. Maj. des Deutschen Kaisers Königs von Preussen

Wilhelm I.

gehalten

an der Christian-Albrechts-Universität

am 22. März 1887

von

Dr. Friedrich Blass

ordentlichem Professor der classischen Philologie.

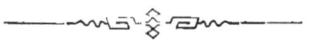

Kiel 1887.

Zu haben in der Universitäts-Buchhandlung.

Druck von Schmidt & Klaunig.

Hochansehnliche Versammlung!

Der wiederkehrende 22. März vereinigt uns zu einer Feier, welche, je öfter sie wiederkehrt, desto mehr unser ganzes Gemüth ergreift. Heute sind es volle neunzig Jahre, dass unser allverehrter und allgeliebter Kaiser geboren wurde. Diese wenigen Worte regen eine solche überwältigende Fülle von Gedanken und Gefühlen an, dass derjenige, welcher dazu berufen ist diesen Gedanken und Gefühlen Ausdruck zu geben, sein Vermögen gegenüber dieser Aufgabe als ganz und gar unzulänglich empfinden muss. Wohl niemand von uns ist im Stande, auf eine solche Reihe von Jahren zurückzublicken; denn das gewöhnliche Mass der menschlichen Lebenskraft ist erschöpft, wenn sie siebenzig Jahre gewirkt hat, und ist dieselbe ungewöhnlich stark, so wirkt sie achtzig Jahre; ein Leben, welches die Zahl von neunzig Jahren erreicht, erscheint uns merkwürdig und staunenswerth, auch wenn sich sonst nichts besonderes mit diesem Leben verknüpft. Hier aber sehen wir ein Leben, welches, um für immer im Gedächtniss der nachfolgenden Geschlechter zu bleiben, der neunzig Jahre gar nicht einmal bedurft hätte. Man spricht von einem ehrwürdigen Alter, auch wo sonst nichts an der Person ist, was zur Ehrfurcht stimmen könnte; in diesem Falle aber müssen wir finden, dass das ungewöhnlich ehrwürdige Alter doch noch das wenigst Verehrungswürdige an der Person unseres Herrschers ist. Was dieser einzige Fürst, ich will gar nicht sagen für Preussen, oder für Deutschland, sondern für Europa und die ganze Welt ist, das glauben wir alle wenigstens zu fühlen, wenn auch der entsprechende Ausdruck uns mangle; aber in der That fühlen wir es nicht einmal entsprechend, der grossen Nähe wegen, mit der wir begnadigt sind, und erst ein gewisser Abstand würde es uns recht wahrnehmbar und fühlbar machen. Schon ein räumlicher Abstand würde eine solche Wirkung haben; denn unsre Landsleute, die im Auslande wohnen, nehmen besser wahr als wir, was bei uns gross ist und was klein, und wie gross das Erstere. Aber besser noch wird ein zeitlicher Abstand die Grösse des jetzt noch unter uns lebenden Herrschers schätzen lehren. Dass König Wilhelm Preussen als eine Grossmacht zwar, aber als die kleinste unter den fünf und kaum als voll angesehen, Deutschland aber als einen ohnmächtigen und nach allen Richtungen gespaltenen Staatenbund schlechtester Verfassung überkam, dass er dann für Preussen in wenigen Jahren zuerst Beachtung, dann Respekt und Furcht bei den andern Staaten Europa's hervorrief, dann das Kaiserthum im Westen Deutschlands stürzte und dafür in Deutschland das alte Kaiserthum aufrichtete, in einer Einigkeit und Herrlichkeit wie es sie nie zuvor gehabt: das alles und so vieles Grosse ausserdem sind wir durch eignes Erleben und tägliches Hören und Verkehren gewohnt geworden und schätzen es darum nicht recht; aber späteren Geschlechtern wird es in dem Abstande als etwas ungeheuer Grosses, wie Sage und Dichtung Anmuthendes entgegentreten. Denn in der That, was hat denn die Dichtung und Sage ehemaligen Herrschern beigelegt, was wir nicht an unserm Herrscher mit Augen leibhaftig sähen? Oder was braucht in künftigen Zeiten die Sage und Dichtung zu dieser Gestalt hinzuzuthun, damit sie ideal und wahrhaft poetisch sei? Denn gerade das Hinausragen über das gewöhnliche menschliche Mass, in welchem Hinausragen die poetische Idealität besteht, ist hier in jeder Hinsicht real vorhanden, bei der Person unsres Herrschers wie bei seinen Thaten und Schicksalen während dieser neunzig Jahre. Die Königin Luise als Bittende vor Napoleon dem Ersten — Napoleon der Dritte als Bittender vor dem Sohne der Königin Luise: kein Dichter kann einen mächtigeren Contrast erfinden, als wie er in dieser „Wendung durch Gottes Fügung" uns vor Augen gestanden hat. Und nicht am wenigsten ideal ist auch das Bild des nach solchen Siegen den Frieden hütenden Herrschers, wie das Kaiser Wilhelm nun schon sechzehn Jahre lang thut, und damit zu der fast schwärmerischen Liebe seines Volkes die dankbare Verehrung von ganz Europa hinzugewinnt; denn gewöhnlich und üblich ist eine solche Entsagung nicht, und Napoleon wie andre frühere Herrscher haben sich nicht dazu zu erheben vermocht. Aber uns war auch dies vorbehalten zu sehen, und wenn man dies alles sieht, wird man ernstlich zweifelhaft, ob derartiges denn schon jemals auf Erden dagewesen, und ob der alte Spruch wirklich wahr ist, dass nichts neues unter der Sonne geschieht.

Freilich diesem Spruche möchte unsere Zeit gern auch in andern Hinsichten, und nicht ohne Grund, die allgemeine Gültigkeit bestreiten. So viele grossartige Erfindungen sehen wir heutzutage gemacht, so viele kühne menschliche Eingriffe in das von Natur Gewordene geschehen, dass wir in Gefahr sind uns über alle früheren Geschlechter zu erheben, als hätten wir wirklich Neues geschaffen, welches sich ehedem niemand auch nur als möglich denken konnte. Dennoch müssen wir bei genauerer Ueberlegung gestehen, dass auch durch uns jener Spruch in seiner wesentlichen Bedeutung nicht umgestossen wird. Wir beherrschen Raum und Zeit in einer nie dagewesenen Weise; aber die Anfänge dazu sind vorlängst gemacht. Wir sind in die Geheimnisse der Natur, ihres Werdens und Vergehens tief eingedrungen; aber weder stehen wir am Ziele, noch können wir bei vorlängst gewesenen Geschlechtern und Völkern eben das Bestreben, welches uns beseelt, verkennen. Und die Hauptsache ist geblieben wie sie war: inmitten der Natur steht der Mensch, als Einzelwesen in dieser seiner Existenz vergänglich und kraftlos, der Natur gleich allen andern Geschöpfen unterworfen, als Gattung indes eben vermöge der Natur sich gegen dieselbe behauptend und die Herrschaft über sie anstrebend. Und das Verhalten der Einzelnen gegenüber der Natur war und ist in gleicher Weise verschieden: der Eine giebt sich ihr hin und geht in ihr auf, sei es ohne Bewusstsein, wie der rohe Naturmensch, sei es mit Bewusstsein und in der Ueberzeugung, dass die Natur das Höchste sei; der Andre dagegen fühlt in sich etwas alle Natur weit Ueberragendes und von ihr spezifisch Verschiedenes, und über sich etwas mit diesem Verwandtes, Allumfassendes und Allmächtiges. Könnte nun die erstere Richtung jemals allgemein bei der Menschheit zur Herrschaft gelangen, so wäre die Folge eine Angleichung an die Natur und ihre Gesetze, wie dieselben in dem sonstigen Naturleben, ausserhalb der menschlichen Gesellschaft, ungehemmt sich auswirken. Darüber kann uns die Vergangenheit belehren: nicht als wäre jene Herrschaft des Naturalismus, wie wir die betreffende Richtung füglich benennen mögen, und jene Angleichung jemals völlig eingetreten, aber weil die Anfänge dazu in früheren Perioden geförderter und greifbarer vorliegen, während seit der christlichen Zeit die entgegenstehende Richtung ganz ausserordentlich erstarkt und noch fast in jedem Momente übermächtig gewesen ist.

Bei dem griechischen Volke, dem am meisten denkenden des Alterthums, hat seit dem sechsten vorchristlichen Jahrhundert eine Naturphilosophie und Naturwissenschaft bestanden. Die Spekulation über die Natur lässt sich noch viel weiter zurückverfolgen; aber es mangelte ehedem die wissenschaftliche Form, statt deren die mythische gebraucht wurde. Seit jener Zeit aber liess man z. B. aus dem Elemente des Wassers die Dinge, nicht aus dem mythischen Okeanos die Götter hervorgegangen sein. Das ist auch Spekulation, und wird somit als Philosophie gerechnet; man darf indes dem Streben nach immerhin auch von Naturwissenschaft reden, zumal die Begleiterin und sicherste Führerin derselben, die Mathematik, gleich von Anfang an dabei erscheint. Ein Jahrhundert später war diese in Ionien aufgekommene Naturphilosophie schon weit verbreitet und weit gefördert, und hatte in Athen zu ihrem berühmtesten Vertreter den Anaxagoras, den Freund des grossen Perikles. Zugleich aber war sie in zahlreichen Richtungen auseinandergegangen. Es ist nämlich nicht unnatürlich, dass ein jeder dieser Männer, auf Grund der noch so dürftigen Naturforschung, die ihm zu Gebote stand, alsbald eine Erkenntnis des Ganzen auf spekulativem Wege anstrebte; denn diese Erkenntnis ist stets das Ziel der Forschung, und man meint immer wieder, mit gleichem Unrecht, dieses Ziel wirklich erreichen zu können. Was nun an wissenschaftlicher Erkenntnis im einzelnen oder auch in allgemeinen Gesetzen gewonnen war, das blieb und mehrte sich; die Spekulation aber fiel immer wieder zu Boden, und ein Andrer nahm dann einen neuen Aufschwung. Zu den gewonnenen allgemeinen Ergebnissen gehört der Satz, dass nichts entstehe und nichts vergehe, sondern das sogenannte Entstehen nur eine Verbindung von vorher vorhandenen Stoffen, und das sogenannte Vergehen nur eine Auflösung in bleibende Stoffe sei. Im einzelnen lehrte Anaxagoras, dass die Luft ein Körper sei — Beweis ihr Widerstand in einem geschlossenen leeren Schlauche, und beim Eintauchen eines unten offenen, oben aber geschlossenen Behälters in Wasser —, die Sonne aber eine glühende Masse, grösser als der Peloponnes, und der Mond eine Erde mit Bergen und Thälern und Wohnungen wie die unsrige. Dass er die Sonne für so gross erklärte, ist eine grössere That des freien Denkens, als wenn Andre nach ihm sie für beinahe so gross wie die ganze Erde, dann für grösser als die Erde, dann für viele Male grösser erklärten; denn jener erste Schritt über die sinnliche Wahrnehmung hinaus ist weitaus der bedeutendste und schwerste, der gemacht wurde. Und nicht mit der sinnlichen Wahrnehmung allein setzte sich Anaxagoras in Widerspruch, sondern mit den altüberlieferten und heilig geachteten Volksvorstellungen, deren Macht so gross war, dass selbst Platon und Aristoteles und ihre Schüler nach ihnen sich ihr nicht haben entziehen können. Denn der Himmel und die Dinge am Himmel galten für unmittelbar göttlich, und nun machten diese Naturforscher den Himmel von Göttern leer und dafür von Erde und Steinmassen voll. Gleichwohl war Anaxagoras so wenig und noch weniger Materialist, als es seine Vorgänger gewesen waren. Diese nämlich vermischten in naiver Weise das, was der Begründer der neueren Philosophie so strenge geschieden, die denkende oder geistige Substanz und die ausgedehnte oder materielle, und nahmen gar keinen Anstand, z. B. das Feuer zugleich als materielles Prinzip und als weltdurchwaltende höchste Vernunft zu bezeichnen. Sie blieben damit innerhalb der nationalen Anschauung, welche das Materielle vergöttlichte, und Sonne und Meer u. s. f., sei es unter ihren üblichen Namen, sei es unter unverständlich gewordenen alten Bezeichnungen, als göttliche Wesen verehrte. Anaxagoras aber, der mit der nationalen Anschauung brach, setzte den Geist ausserhalb der Materie, als das einerseits denkende, andrerseits gemäss seinem Denken die Materie bewegende und beherrschende Prinzip, und erschien mit dieser Entdeckung einer immateriellen, bewegenden und nach Zwecken gestaltenden Ursache, gegenüber den aus der Materie genommenen Erklärungen Früherer, nach Aristoteles' Ausdruck wie ein Nüchterner gegenüber Faselnden. Indem nun aber dieser grosse Denker auch Naturforscher war, und nicht nur das Ganze, sondern auch das Einzelne verstehen und erklären wollte, verzichtete er bei diesen Einzelerklärungen auf die Zweckursache, und stellte den Geist, nachdem er durch ihn den Anfang zur Bewegung und Gestaltung der Materie hatte geschehen lassen, weiterhin ganz zurück, um sich lediglich mechanischer Erklärungsweisen zu bedienen. Und so ist es verständlich, dass die Schule des Meisters, unfähig den grössten Gedanken desselben zu begreifen und festzuhalten, die auch schon bei jenem im ganzen mehr vertretenden mechanischen Erklärungen allein in sich einsog und wiedergab, und damit allerdings, indem sie das Geistige weder in der Materie noch ausserhalb derselben recht anerkannte, mehr und mehr materialistisch wurde. Archelaos von Athen, Anaxagoras' Schüler, machte den Geist zu einem Elemente neben andern Elementen, mit diesen überall ebenso gemischt vorkommend, wie nach des Lehrers Theorie die übrigen Elemente, den Geist allein ausgenommen, sich stets mit einander gemischt und niemals ganz rein vorfanden. „In allem Andern ist von Allem ein Theil", hatte Anaxagoras gesagt, „der Geist aber ist unbegrenzt und selbstherrlich und mit keinem

Dinge gemischt, sondern ist allein für sich." Wer diesen Satz aus dem Systeme beseitigte, fiel noch hinter die alten, das Geistige und das Materielle vermischenden Theorien zurück; denn er erkannte überhaupt keine weltdurchwaltende höchste Vernunft an. Die Entstehung lebender Wesen erklärte Archelaos, ähnlich wie schon Anaxagoras gethan, aus dem Zusammenwirken von Feuchtigkeit und Wärme in dem Kessel, als welchen er sich die im Mittelpunkte der Welt befindliche, gegen diese unendlich kleine Erde dachte. Aus dem Sumpfe gingen sie hervor, und ihre erste Nahrung war der Schlamm; mit der Zeit sonderten sich unter den verschiedenartigen Wesen die Menschen aus, setzten sich Führer, gaben sich Gesetze, erfanden Künste, bauten Städte. Und so ging diese Naturlehre nun noch weiter auf das moralische Gebiet hinüber, weshalb spätere Geschichtschreiber der Philosophie die Lehre des Archelaos zum Verbindungsgliede zwischen der des Anaxagoras und der Moralphilosophie des Sokrates machen. In Bezug auf das Objekt ist dies auch nicht falsch; die Art der Behandlung freilich und die Ergebnisse können nicht verschiedener sein.

Ueberhaupt begann die Philosophie und die Forschung damals, um die Mitte des 5. Jahrhunderts, vom Himmel zur Erde, wie man sich ausgedrückt hat, herunterzusteigen, d. h. das Grübeln über die letzten Gründe mit menschlicheren und praktischeren Studien zu vertauschen. In Bezug auf die höchsten Probleme der Philosophie trat nämlich auch bei bedeutenden Köpfen eine ganz begreifliche Skepsis ein. Die bisherigen Lösungen dieser Fragen waren möglichst verschieden ausgefallen, und keins der Systeme konnte die Falschheit eines entgegengesetzten überzeugend darthun; im Gegentheil heisst es in einer Schrift klassischer Zeit, dass bei den Disputationen über den letzten Urgrund niemals derselbe mit derselben Behauptung dreimal hintereinander — wie das im Ringkampf für den Sieg nöthig war — der Ueberlegene bleibe, sondern bald des Einen Beredsamkeit die Zuhörer für sich gewinne, bald die eines Andern. Nun aber erwachte auch in der Nation, d. h. der wohlhabenden Jugend derselben, ein starker Trieb zur Erweiterung und Vermehrung der Bildung, und die Philosophie und Forschung, jemehr sie diesem Triebe ihrerseits entgegenkam und sich praktischeren Gegenständen zuwandte, wurde um so mehr eine Macht im öffentlichen Leben und dazu ein lohnendes Gewerbe. Anaxagoras hatte um seiner Forschung willen seine ererbten Güter preisgegeben; der Sophist — so nannte sich von jetzt an der seine Weisheit anpreisende und feilbietende Gelehrte — fand in der kleinsten fremden Stadt, die er besuchte, dankbare Käufer. Er lehrte nun in Bezug auf die bisher behandelten höchsten Probleme nichts; im Gegentheil stellten gerade die geistreichsten Sophisten Theorien auf, welche die Allgemeingültigkeit der Erkenntnis oder gar die Möglichkeit derselben und selbst die Existenz der Dinge aufhoben, woraus zu folgern war, dass man sich um das Nichtexistirende auch nicht zu kümmern habe, und nicht tiefsinnig zu forschen, sondern schön zu reden, oder geschickt zu disputiren. Diese formalen Künste also wurden ausgebildet, und daneben eine zwar vielseitige, aber im allgemeinen sehr oberflächliche Kenntnis, ohne die ja freilich weder zu disputiren noch Reden zu halten möglich war. Damit verband sich endlich bei Vielen oder den Meisten eine allgemeine Weltanschauung, die auf dem Grunde der Naturforschung, statt auf dem der Ueberlieferung und Volksreligion, beruhte, und die durchaus eine naturalistische und materialistische zu nennen ist. Es ist auch kein Anlass, sich über die Entstehung und Ausbreitung einer solchen Weltanschauung in jener Zeit zu wundern. Denn wiewohl die Summe der dazumal erforschten Thatsachen und Gesetze aus den Reichen der Natur sich zu den heutzutage aufgehäuften ungefähr ebenso verhält, wie die von Anaxagoras geschätzte Grösse der Sonne zu der von uns erkannten, so liegt doch die Versuchung zum Materialismus keineswegs in der Fülle des Erkannten, sondern in der einseitigen Art des Erkennens und Forschens. Ob jemand unzählig viele Grundstoffe annahm, oder, wie die Meisten, die bekannten vier, Luft, Feuer, Wasser und Erde, oder ob er diese auflöst bezw. streicht und einige 70 andere annimmt, oder mehr oder weniger: er glaubt doch jedenfalls an materielle Grundstoffe, und wenn er ausser diesen an nichts anderes glaubt, weil ihn die Art seiner Forschung nichts anderes kennen lehrt, so wird er Materialist. Ebenso ist es in dieser Hinsicht ganz unerheblich, wie viele und welche Naturkräfte jemand kennt, und wie genau er die Thätigkeit derselben in den Vorgängen der Natur erforscht hat. Und ferner: wie der aristotelische und mittelalterliche Himmel, der räumlich alles umschliessende Sitz der Gottheit, von der Astronomie des Copernicus und seiner Nachfolger zerstört wurde, so war damals der engbegrenzte altgriechische Himmel mit seinen nahen Göttern von Anaxagoras zerstört, und mit der Stätte der Gottheit auch diese selbst den Menschen entzogen. Nicht Helios lenkte seinen Wagen, sondern eine glühende Masse bewegte sich durch Naturkraft; nicht Zeus donnerte und blitzte, sondern das Warme und Kalte war da vernunftlos wirksam. Der Mensch fing eben erst an, die Natur erkennend zu beherrschen, und, wie durch Schicksal, fiel alsbald in ihren Knechtesdienst mehr als zuvor zurück, indem er sich ihr angleichen zu müssen und das, was er in sich und nicht zugleich in der Natur vorfand, als Schein und Trug verwerfen zu müssen meinte.

Archelaos erklärte, so lesen wir in einem dürftigen Auszuge seiner Lehren, dass das Gerechte und das sittlich Hässliche nicht von Natur sei, sondern durch Satzung. Den Commentar dazu liefert Platon an mehreren Stellen, wo er die Ethik der Naturalisten bekämpft, und zwar offenbar auf Grund ihm vorliegender Schriften, deren verderbliche Wirkung auf unbefestigte Gemüther er mit Schmerz und Bitterkeit beklagt. Namen nennt er nicht, doch scheint unter diesen Schriften eine des Thrasymachos gewesen zu sein, eines namhaften und um die Entwickelung der Beredsamkeit sehr verdienten Meisters derselben; ferner kann man auf den Kritias rathen, Platons eigenen älteren Verwandten von Mutterseite, das Haupt der Zwingherrschaft der sog. 30 Tyrannen in Athen, einen Mann der als Laie unter den Philosophen, als Philosoph unter den Laien bezeichnet wird. Protagoras, der Urheber der gesammten Sophistik, bietet wohl Beziehungen zu dieser Ethik, aber noch nicht diese selbst; erst die Jüngeren und Beschränkteren sind es gewesen, welche die Wissenschaft und Philosophie so popularisirten. Wo Platon die naturalistische Lehre am ausführlichsten und jedenfalls unmittelbar nach einer schriftlichen Vorlage wiedergiebt, stellt er dieselbe folgendermassen dar.

Alles, was wird, oder geworden ist, oder werden wird, hat seine Ursache entweder in der Natur oder im Zufall, oder in der Kunst. Das Grösste und Schönste bringt die Natur und der Zufall hervor, das Kleinere die Kunst, welche das von der Natur Geschaffene nimmt und zu ihren Gebilden verwendet. Die Elemente: Feuer, Luft, Wasser, Erde, sind von Natur und durch Zufall, ebenso sind die grossen Körper: die Erde als Ganzes, Sonne, Mond, durch Natur und Zufall geworden, indem die ehedem getrennten Grundstoffe sich so und so durch die und die Kräfte zusammenfanden und verbanden; Gottheit und Kunst ist hierbei nicht betheiligt. Ebenso alle organischen Wesen. Die Kunst ist hinterher gekommen, eine sterbliche Kraft in sterblichen Geschöpfen, und bringt nun allerlei Tand und Scheinwesen hervor, oder höchstens dann etwas Werthvolleres, wenn sie die Naturkraft benutzt, wie die Kunst des Landbauers oder die des Arztes dies thut, zu einem kleinen Theile auch die des Staatsmanns. Die gesammte Gesetzgebung desselben aber ist nichts in der Natur noch auf Wahrheit Beruhendes, sondern durchaus ein Werk der Kunst. Somit sind auch die Götter durch die Kunst, nämlich die des Gesetzgebers, und darum sind es überall verschiedene, je nachdem eben die einzelnen Völker und Staaten sich die diesbezüglichen Gesetze haben geben lassen. Die Bezeichnung des Schönen ferner, das ist des Sittlichguten und Löblichen, ist durch die Kunst ganz andern Dingen und Handlungen beigelegt, als die sind, denen sie nach der Natur zukommt. Der Begriff des Gerechten aber ist ganz und gar künstlich und hat in der Natur keinen Grund; eben darum streitet man sich stets, was Recht sei, und ändert das Recht fortwährend; wie es dann geändert uud gestaltet ist, so hat es bei den einzelnen Staaten als Gesetz seine Gültigkeit, ohne doch irgendwie sich auf Natur zu stützen. Und so ist es das erstrebenswerthe Ziel, zu dem richtigen, naturgemässen Leben zurückzukehren, d. h. die natürlichen Fähigkeiten und Kräfte, die man hat, zur Herrschaft über die Schwächeren zu benutzen, statt der Satzung gemäss ein Knecht derselben zu sein.

In diesem klaren, folgerichtigen und abgeschlossenen System, dessen Stärke ausser in diesen Eigenschaften in der theilweise vorhandenen einleuchtenden Wahrheit, und dessen Verderblichkeit in der völligen Verkennung anderer wichtigerer Wahrheiten beruht, sind die beherrschenden Begriffe, wie man sieht, die einander entgegengesetzten der Natur und der Kunst, oder, wie es anderswo ausgedrückt ist, der Natur und der Satzung. Und ferner wird für Natur auch Wahrheit gesetzt; den Erzeugnissen der Kunst, abgesehen von den doch auch hinfälligen und vergänglichen Bauwerken und Kunstwerken von Menschenhand, kommt eine Wesenhaftigkeit und Wahrheit nicht zu, sondern sie sind nur nach dem Scheine und vermöge der Meinung der Menschen vorhanden. Der Natur, das ist der vernunftlosen und seelenlosen Natur, wendet sich der Mensch anbetend zu, und gegenüber der Grösse der Materie verschwindet in seinen Augen alles, was er selber schaffen kann; eine gewisse Begeisterung für die Natur tritt sowohl in Platons Auszuge zu Tage, als auch in einer bei einem Späteren erhaltenen, vielfach ähnlichen Stelle, die sich auf den Kritias, als einen Lieblingsschriftsteller des betreffenden späten Autors, füglich zurückführen lässt. Indem man sich der Verehrung dieser Natur knechtisch hingiebt, macht man sich frei von allen ererbten Begriffen, wie Religion, Recht, Gesetz, Sittlichkeit; die menschliche Civilisation selbst ist nur ein werthloses Scheinwesen. Die Götter erklärte Kritias in einer Tragödie, freilich gewiss nicht einer zur Aufführung bestimmten, für die Erfindung, eines klugen Gesetzgebers der Vorzeit, welcher wohl erkannte, wie mit allem, was er einrichten könne, die Befolgung seiner Gesetze ganz ungenügend verbürgt sei, viel besser dagegen, wenn er den Leuten einrede, dass überwachende Götter im Himmel vorhanden seien, vor denen keine Unthat verborgen bleibe. Dass die Existenz der einzelnen Götter, wie man sie sich dachte und darstellte, auf Satzung und willkürlicher Festsetzung beruhe, war ja ein in jener Zeit, wo man genug von fremden Völkern hörte und sah, ganz naheliegender Gedanke. Auch bei einem gläubigen Gemüthe, wie dem des alten Herodot, des Vaters der Geschichte, konnte in Bezug auf die Götterlehre der heimischen Dichter eine Skepsis nicht ausbleiben, wenn er sah, wie viel ältere Völker, die Aegypter z. B., ein ganz anderes Göttersystem besassen, dessen Richtigkeit zu widerlegen er als ebenso unmöglich erkannte, wie dieselbe zu beweisen. „Ich meine," sagt er daher einmal, „dass von den Göttern alle Menschen gleich wenig wissen." Er hält sich also, in Ermangelung eines Besseren, an das Allgemeine, worin alle Völker übereinstimmten, und verfolgt ehrfurchtsvoll die Spuren der göttlichen Vorsehung in der Natur und der göttlichen Weltregierung in der Geschichte. Derselbe Standpunkt war auch später möglich; aber dem oberflächlich Betrachtenden musste freilich die Lehre einleuchten, dass bei solchen Verschiedenheiten nach Staaten und Völkern von vornherein lediglich willkürliche Festsetzung sei, zumal da die meisten Götter auch nach der Aussage ihrer Verehrer sich nicht sehen liessen, und die sichtbaren, Sonne und Mond, durch die Wissenschaft als leblose Steine erwiesen waren. Und warum sollte Poseidon, d. i. das Meer, ein wirkliches göttliches Wesen sein, wo es Helios nicht war? Die Menschen der Vorzeit, so sagte man, haben eben alles, was ihnen nützlich war, vergöttlicht, auch Brot und Wein in Demeter und Dionysos; somit schien die griechische Naturreligion sich vollständig mit aller Leichtigkeit in das eine ihrer Elemente, die Natur, aufzulösen.

Analog konnte nun auch mit Bezug auf das Recht argumentirt werden, wie wir schon in Platon's Darstellung sahen. Es war ein beliebtes Thema der Disputationen, darzuthun, wie keine einzige Handlung an und für sich und damit unter allen Umständen gerecht oder ungerecht sei, sondern die Umstände eine jede bald so, bald so erscheinen liessen. Dies, wie die Verschiedenheit und der Wechsel des geltenden Rechtes, konnte eine gewisse Skepsis hervorbringen, und doch hatte schon der alte Heraklit von Ephesos wahr und tief gesagt: „Alle menschlichen Gesetze nähren sich aus dem einen göttlichen Gesetze," das heisst, die Idee und das Ideal ist in allen das gleiche. Der Sophist aber suchte im Gegentheil darzuthun, dass in der Natur ein Recht, wie man dasselbe gewöhnlich fasse, gar nicht vorhanden sei, und ebenso wenig eine wirkliche Gerechtigkeit bei den Menschen, sondern nur der Schein derselben. Von Thrasymachos stammt der jedenfalls auch schriftlich von ihm behandelte Satz: Das Gerechte (d. i. was man jedesmal so nennt) ist in Wahrheit der Nutzen des Stärkeren. Der Beweis für den paradox klingenden Satz war einfach dieser. In einem jeden Staate wird der dem andern überlegene Theil, sei es die grosse Masse, oder die wenigen Bevorzugten einer Oligarchie, oder auch ein einzelner Tyrann, die Gesetze geben, und zwar selbstverständlich zu dem Ziele, dass dieser gesetzgebende Theil in seiner Herrschaft über den Rest der Bürgerschaft dauernd bleibe. Was nun als Gesetz festgestellt ist, wird gerecht genannt, und die Uebertretung dieser Gesetze heisst Unrecht und wird bestraft; in Wahrheit aber handelt es sich dabei nur um den Vortheil, bezw. Nachtheil der Regierenden. Mit einer ähnlichen Beweisführung, wie Xenophon erzählt, suchte auch einmal der junge Alkibiades seinen Vormund Perikles zu fangen; derselbe liess sich auch ruhig fangen, fügte aber trocken hinzu: „Auch ich verstand mich, als ich in deinem Alter war, sehr gut auf diese Weisheit." Wenn man nun aber, sagten die Sophisten, über die einzelne Staatsgemeinschaft hinaussieht, so findet man in den Verhältnissen der Staaten und Völker zu einander kaum noch den Schein eines Rechtes, sondern das Gegentheil, die Gewalt des Stärkeren, und wenn man also von einem Naturrecht sprechen will, so ist dies nur das Recht des Stärkeren. Auf dieses Recht und Gesetz der Natur stützte sich Xerxes, als er gegen Griechenland zog; nach demselben handeln alle Geschöpfe ausserhalb der Menschheit. Dies letztere hatte freilich schon der alte Hesiod gewusst, wenn er sagt:

„Also hat ja den Menschen bestimmt der Kronide die Satzung:
Zwar den Fischen und Thieren des Felds und geflügelten Vögeln
Setzt' er einander zu fressen; denn Recht ist nicht unter ihnen;
Aber den Menschen verlieh er das Recht."

Mit diesem unterscheidenden Scheinwesen bei den Menschen sollte nun aber aufgeräumt werden. Hatte nicht auch der gefeierte Dichter Pindar gesagt, dass das Gesetz, der König aller Sterblichen und Unsterblichen, die grösste Gewalt mit seiner übermächtigen Hand zum Rechte mache, und sich auf die That des Herakles berufen, der dem Riesen Geryones seine Rinderheerde nicht etwa abkaufte, sondern mit Gewalt wegnahm? Und ist dieses Gesetz, dieser allbeherrschende König, ein anderes als das Naturgesetz des Stärkeren? Es hätte sich hier erwidern lassen, dass Pindar ganz gewiss nicht dieses Gesetz meine, sondern die Satzung der Menschen, welche ja diese That des Herakles für gross und schön erklärte und auch den Dichter sie zu preisen nöthigte, wiewohl er nicht umhin kann zu gestehen, dass eigentlich der sein Eigenthum vertheidigende Geryones zu loben sei. Mit der Berufung auf Gesetz und Satzung, die es einmal anders wolle, hilft er sich über einen Skrupel weg, wie sie seiner geläuterten Anschauung in der überlieferten Götter- und Heldensage öfter aufstiessen. Wie man nun hier Worte eines nationalen Dichters verwerthete, so ist auch wohl anzunehmen, dass Platon die Geschichte vom Ringe des Gyges, die er in einer Verfechtung des sophistischen Standpunkts vorbringen lässt, weder erfunden, noch selbst erst so verwandt habe. Es sollte damit klar gelegt werden, dass in der That niemand um der Gerechtigkeit willen gerecht sei, sondern nur aus Unvermögen, Unrecht zu thun, wozu der natürliche Trieb alle Menschen leite. Der Vorfahr des lydischen Königs Gyges, lautet die Erzählung, war ein Hirt in Diensten des damaligen Herrschers von Lydien. Einstmals bemerkte er in der Gegend, wo er seine Heerde weidete, einen in Folge von Regengüssen und Erderschütterungen entstandenen Schlund, in den er neugierig hinabstieg. Unten fand er ein ehernes Pferd mit Fensterlöchern darin; drinnen lag ein übermenschlich grosser Leichnam, mit einem goldnen Ringe am Finger. Diesen Ring zog der Hirt ab und steckte ihn selbst an. Einige Zeit darauf fand eine Zusammenkunft der Hirten statt, damit dem Könige der monatliche Bericht über die Heerden abgestattet würde; auch der Hirt mit dem Ringe fand sich dazu ein, und drehte, wie er so da sass, zufällig spielend den Stein nach einwärts. Plötzlich bemerkte er, wie die Andern ihn nicht mehr sahen und von ihm sprachen als sei er fortgegangen, und er dreht verwundert wieder den Stein nach auswärts, und wird wieder sichtbar. Als er die Kraft des Ringes durch öfteres Probiren festgestellt hat, fasst er alsbald seinen Plan: er lässt sich als Bote an den König abordnen, tödtet denselben und wird selber König von Lydien. Nun die Anwendung: wenn der sogenannte und anscheinende Gerechte einen solchen Ring an den Finger bekäme, er würde alsbald dieselben Wege wandeln wie der Ungerechte, und damit beweisen, dass er vorher nicht aus eignem Triebe, sondern nur aus Noth gerecht war und fremdes Eigenthum achtete.

Dass nun diese naturalistische Lehre von Recht und Unrecht in Platons Darstellung nicht geradezu gemein erscheint, dazu trägt ausser der geistreichen Form und Begründung auch die aristokratische Fassung bei. Erst Sokrates zieht im Disput die Folgerung, dass demnach auch Taschendiebstahl nützlich und empfehlenswerth sei: was der Gegner zugeben muss, aber mit dem Bemerken, dass diese Aneignung fremden Eigenthums doch nicht der Rede werth sei, und der rechte Mann in einem viel grossartigeren Masse nehmen müsse, insbesondere, indem er sich zum Herrscher seiner Stadt mache und so seinen schwächeren Mitbürgern alles auf einmal nehme. Die Mehrzahl der griechischen Staaten wurde nämlich damals demokratisch regiert, und die Gebildeten empfanden die Herrschaft der oft zügellosen Masse als einen unwürdigen und unerträglichen Druck; eben daraus ging in Athen der zweimalige Umsturz der Demokratie während und nach dem peloponnesischen Kriege hervor. Selbstverständlich aber ist die Lehre vom Naturrechte des Stärkeren sehr leicht in eine demokratische Fassung umzusetzen. Denn dies Recht, welches der einzelne Höherbegabte gegenüber dem einzelnen Minderbegabten hat, besitzt ebenso die Masse der Minderbegabten gegenüber dem einzelnen Höherbegabten; sie ist thatsächlich stärker, und hat eben darin schon ihr Recht. Es kommt aber hinzu, dass die aristokratische und oligarchische Bevorzugung eines Theiles der Staatsangehörigen, auf Grund ererbten Rechtes oder zufälligen grösseren Besitzes, als widernatürliche Satzung erschien; denn die Natur, sagte man, hat alle Menschen wesentlich gleich geschaffen, und auch, dass der eine Sklave ist, der andre dessen Herr, ist nicht Natur, sondern Satzung und Willkür. So gab die Lehre von der Satzung als dem Gegentheile der Natur nach beiden Seiten hin zur Revolution Anlass und Vorwand.

In Kürze müssen wir, nach Darlegung der Lehre über die Götter und über Recht und Gerechtigkeit, auch auf den Begriff des Sittlich-Schönen und sein Gegentheil eingehen. Alles, was irgend als Tugend und als Lob galt, bezeichnen die Griechen als das Schöne, und das Entgegengesetzte als das Hässliche. Archelaos nun erklärte, wie wir oben anführten, dass das Sittlich-Hässliche dies nicht von Natur, sondern durch Satzung sei, und in Platons Auszuge stand, dass beide Bezeichnungen von Natur andern Dingen und Handlungen zukämen, als wie die Kunst sie beilege. Das scheint Widerspruch, ist aber kaum einer. Den Begriff des Schönen aus der Natur zu verhannen konnte nur dem in den Sinn kommen, der, wie der Atomistiker Demokrit, alle Eigenschaften der Körper in den Bereich der Satzung, d. i. bei ihm des nur subjektiv Vorhandenen; verwies; wer dagegen so tief nicht philosophirte, konnte schön und hässlich gelten lassen und auch auf Handlungen anwenden, nur nicht auf die, welchen die Menge diese Bezeichnungen beilegte, noch nach so willkürlicher Beurtheilung. War doch leicht zu zeigen, wie nach Umständen dieselbe Handlung bald als löblich gelte, bald als schimpflich, und ferner, dass die verschiedenen Völker in ihrem Urtheil schlechterdings nicht übereinstimmten. Z. B. die Skythen hielten es für löblich, aus dem Schädel eines ermordeten Feindes sich einen Trinkbecher zu verfertigen; bei den Massageten oder, nach Herodot, bei einem Volksstamme Indiens galt es als die einzig rühmliche Bestattung, wenn die Ueberlebenden den Todten aufzehrten, und so die Eltern in ihren Kindern begraben wurden. Herodot erzählt, dass einstmals der König Darius solche Inder gefragt habe, für wieviel Geld sie wohl ihre Todten verbrennen würden, und darauf Hellenen, für wieviel sie sich entschliessen könnten ihre Todten aufzuessen, und dass beide auf das entschiedenste betheuert hätten, dass es soviel Geld überhaupt nicht gebe. Er nun wendet darauf den Spruch Pindars von dem allbeherrschenden Gesetze an, und schliesst, dass es thöricht sei, über fremde Sitten zu lachen; der naturalistisch Denkende dagegen schloss, dass nicht die Natur diese oder jene Beurtheilung vorschreibe, sondern Kunst und Satzung. Denn sowie die Natur in Frage kommt, verschwindet das Vorrecht des Hellenen vor dem Barbaren, des civilisirten Volkes vor dem rohesten Naturvolke, selbstverständlich auch des Menschen vor den übrigen Geschöpfen. Beseitigt man nun dieses Scheinwesen, so muss als das nach der Natur Schöne alles das bezeichnet werden, was mit der Natur der Geschöpfe im Einklang steht, als das von Natur Hässliche alles, was mit derselben nicht übereinstimmt. Während also die Menge in der Enthaltsamkeit und Selbstbeherrschung etwas löbliches sah, und das griechische Volk sowohl einen Hippolytos um seiner Keuschheit willen als Heros ehrte, als auch die Athleten pries, die, um den Siegeskranz zu erringen, sich fort und fort aller Dinge enthalten hatten, und in Athen ein Staatsmann nur dann wirklichen Respekt genoss, wenn er strenge und abgehärtet und beinahe asketisch lebte: so erklärt der Sophist solche Entsagung für widernatürlich und nur nach falscher Satzung schön, dagegen für wirklich rühmlich, wenn jemand möglichst viele und starke Begierden hat und nährt, aber nun dieselben vermöge seiner Mannhaftigkeit und Intelligenz auch zu befriedigen weiss. Das kann die Menge nicht; darum verbirgt sie ihre Schwäche unter einer angenommenen Selbstbeherrschung, und macht aus der Noth eine Tugend. Ob diese Lehre so von irgend jemandem schriftlich entwickelt war, ist zweifelhaft, und wird dies noch mehr dadurch, dass auch Platon, der sie gesprächsweise und erst in Folge von Reizung entwickeln lässt, durch die Person seines Sokrates die mannhafte Offenheit lobt: „jetzt sagst du deutlich heraus, was die Andern zwar denken, aber nicht sagen wollen." Platon ist aber ohne Zweifel der berufenste Interpret der Denkungsart seiner Zeitgenossen und nahen Verwandten, und auch ohne ihn würden wir den Satz, dass das Sittlich-Hässliche nicht von Natur, sondern durch Satzung sei, oder jenen andern, das nicht dasselbe von Natur und nach Satzung schön und hässlich sei, gar nicht anders deuten können. Jede Abschwächung würde dem Systeme den Vorzug schmälern, den es ohne Frage hat: nämlich, dass es sich, von einfachen Principien aus, klar und folgerichtig und eben damit auch einleuchtend entwickelt. Der platonische Sokrates nun sieht sich dieser abgeschlossenen Weltanschauung gegenüber in der Lage jemandes, der zwar selbst undurchdringlich gewappnet ist, aber in des Gegners Rüstung ebenso keinen Spalt findet, durch den er eindringen könnte. Er ist der Stärkere und beweist das, aber der Andere wird nicht überzeugt und nicht einmal beeinflusst. Anlässlich des rastlosen Wechsels von Befriedigung und neuer Begierde, wie er bei dem so der Natur gemäss lebenden Manne sein muss, erinnert Sokrates an das sinnige altgriechische Symbol von denen, die in der Unterwelt ewig Wasser mit einem Siebe in ein durchlöchertes Fass schöpfen müssen: ein ins Jenseits reflektirtes Abbild des diesseitigen Lebens derer, die in rastlosem, aber auf das Eitle gerichteten Streben nie zur Befriedigung gelangen. Und dann fragt er nach längerer Darlegung seinen Widerpart: „Bist du nun mehr überzeugt, dass ich Recht habe, oder ist es so, dass wenn ich noch so viel derartige Geschichten dir vortrage, du darum nicht im geringsten deine Meinung ändern wirst?" Und jener antwortet: „das Letztere ist zutreffender, lieber Sokrates." Es war in der That diesem Geschlechte nicht beizukommen, weder durch Gründe, noch durch Gewalt, die übrigens gegen diese Lehren nur schwach und vereinzelt versucht wurde. In den „Gesetzen", die Platon als älterer Mann jedenfalls für Dionysios den Zweiten von Syrakus verfasste, in der Absicht, sie durch diesen einführen zu lassen, stellt er ein Repressivsystem gegen den Atheismus und sonstige Ketzereien auf, mit Zuchthausstrafe und schliesslich Todesstrafe, übrigens mit viel grösserer Schärfe gegen die Winkelpriester und religiösen Gaukler, nach ihm versteckte Atheisten, als gegen die offenen Atheisten, unter denen nach seiner Erklärung doch Mancher war, der von Natur Hinneigung zur Gerechtigkeit und Abscheu vor Unrecht hatte, und sich demgemäss im Leben bewies. Es bedurfte aber der Todesstrafen und Ketzergerichte nicht, denn dies Geschlecht rottete sich selber aus. Kritias, Platons Verwandter, als er zur Herrschaft in Athen gekommen war, wirthschaftete mit Raub und Justizmord derartig, dass nach 8 Monaten die flüchtige demokratische Partei mit den Waffen wiederkehrte und ihm ein Gefecht lieferte, in dem er selbst den Tod fand. Eine der letzten Thaten der Regierungsbehörde der Dreissig unter seiner Führung war gewesen, dass sie, um sich in dem Flecken Eleusis für den Fall, dass sie aus Athen weichen müsste, eine Zuflucht zu sichern, die Bewohner des Ortes unter dem Vorwande einer Musterung zusammenberufen, dann einzeln verhaften und nach Athen abführen liess, wo dieselben am folgenden Tage in einem scheinbaren Gerichtsverfahren, in Anwesenheit der bewaffneten Macht und mit offener Abstimmung, sämmtlich zum Tode verurtheilt wurden. Kritias handelte dabei durchaus seinen Principien gemäss; denn er befand sich, modern ausgedrückt, im Kampfe ums Dasein gegen die Demokraten, und jedes Raubthier, welches ja der wahrhaftigen Stimme der Natur folgt, würde mit der nöthigen Intelligenz ebenso gehandelt haben. So ging in diesen inneren Kämpfen das durch die naturalistischen Lehren infizirte Geschlecht Athens rasch und gewaltsam zu Grunde, und im übrigen Griechenland waren die Katastrophen, die den gebildeten Theil der Nation hinrafften, noch viel schrecklicher und andauernder. Jede Stadt war in zwei Parteien gespalten, von denen die eine die Freiheit und Gleichheit hochhielt, die andere eine aristokratische Zucht nach Sparta's Vorbild, jede aber sich gegen die andere das Aergste erlaubte, und in der Rache ihrerseits noch weiter schritt, bis denn am Ende, was aus diesen Zeiten lebend hervorging, sich irgend welcher Ordnung ermattet fügte. Damit ging aber auch die Lehre von Natur und Satzung aus; Aristoteles citirt sie gelegentlich als die „der Alten."

Hochgeehrte Anwesende! Der Jammer einer entfernten Vergangenheit soll uns heute nicht allzusehr an den Jammer der Gegenwart erinnern. Wohl sind ähnliche Anfänge auch bei uns, und daher Gefahren anscheinend riesengross; aber der Fortgang braucht nicht nothwendig dem damaligen entsprechend zu sein, und die Gefahren können noch abgewandt werden. Eben der Herrscher, dessen Tag wir heute feiern, weiss besser und empfindet tiefer, als irgend ein Anderer, was die Schäden unseres Volkes und unserer Zustände sind: er trägt dies auf landesväterlichem Herzen und sinnt und sorgt, wie den Nöthen und Gefahren abgeholfen und begegnet werden könne. Es ziemt, gerade an dieser Stelle jenes Wortes unseres kaiserlichen Herrn zu gedenken: „Insbesondere kommt es darauf an, dass dem Volke nicht die Religion verloren gehe," bei welchem Worte es das schlimmste Missverständniss wäre, aus dem Volke die Gebildeten als in dieser Hinsicht privilegirt auszunehmen. Die Gnade, die uns diesen Herrscher gegeben und so beispiellos lange erhalten hat, wird auch ferner, das hoffen und erflehen heute alle Deutschen, zum Heile des Reiches und des Volkes und zum Frieden Europas ihn stärken und alle Tage mit ihm sein. Vereinigen wir uns alle in dem Rufe: Se. Majestät, unser allergnädigster Kaiser und König und Herr, lebe hoch!

Rede

zur

Feier des Gedächtnisses

Weiland Sr. Majestät des Deutschen Kaisers Königs von Preussen

Friedrich III

gehalten

in der Aula der Christian-Albrechts-Universität

am 30. Juni 1888

von

F. Blass,

Professor der klassischen Philologie.

Kiel 1888.
Verlag der Universitäts-Buchhandlung.
(Paul Toeche.)

Hochansehnliche Versammlung!

Nach einer kurzen Frist von drei Monaten und wenigen Tagen sind wir zum zweiten Male zur Gedächtnisfeier eines entschlafenen Königs und Kaisers, unsers Königs und Kaisers, in diesen Räumen zusammengekommen. Das schicksalsvolle Jahr 1888 hat sich nicht mit einem kaiserlichen Todten begnügt; die vier Generationen, die an seinem Anfange noch in dem erhabenen Hause der Hohenzollern zusammen dastanden, zum Staunen der Welt, und zur Freude aller Deutschen, hat es auf das mehr als alltägliche Mass von zweien zurückgebracht. So ist es der Lauf der Dinge, und unser Volk darf darüber nicht klagen, dass es uns jetzt so geht wie es auch sonst im Leben der Völker wie der Einzelnen hergebracht ist, sondern muss dankbar sein in der Erinnerung an das Ungewöhnliche und Staunenswerthe, was uns vordem so lange beschieden war. Aber freilich, die Art, wie uns dieser zweite Kaiser Deutschlands entrissen ist, sie ist eine ungemein schmerzvolle, auf tiefste erschütternd nicht nur für uns, sondern für jeden noch so Unbetheiligten, der aus der Ferne zugeschaut hat. Es ist eine Tragödie, was wir erlebt haben, eine Tragödie in dem antiken und ursprünglichen Sinne, Furcht und Mitleid erweckend, wenn jemals eine. Das antike Drama führte einen Tantalos vor, als Exempel jähen Glückswechsels von höchster Königsherrlichkeit zu tiefstem Sturze; es legte ihm selber die Worte in den Mund:

Mein Schicksal schwebte eben hoch in Himmelshöhn,
Da fällt's zur Erde, und es spricht also zu mir:
Lern' nicht zu hoch zu achten das was menschlich ist.

Diese selbe Lehre ist jetzt der civilisirten Welt durch diese wahre Tragödie gepredigt worden. Ausländer sagen es, nicht wir, wie der Gegensatz von wunderbarster menschlicher Macht und allen menschlichen

Gebrechlichkeiten hier in einer Scene verbunden vor Augen stand: der welcher erst Erbe, dann rasch und plötzlich Inhaber des stolzesten Thrones der Welt war, kämpfte den hoffnungslosen Kampf mit einem stetig wachsenden, durch keine menschliche Kunst mehr zu bannenden und zu sicherem Tode ziehenden Leiden. Eine wahre Tantalospein! denn von jenes alten Fürsten Schicksal bringt die Sage ausser der andern bekannten auch die Darstellung, dass ihm in der Unterwelt ein grosser Stein ständig über dem Haupte schwebe und so ihn durch die stete Angst der Freuden arm mache. Die Unterwelt ist hier ein Bild des diesseitigen Lebens; jeder kennt den auch über seinem Haupte schwebenden und sicher einmal herabfallenden Stein; aber das ist nichts gewöhnliches, sondern etwas wahrhaft tragisches, dass gerade zu der Zeit, wo der höchste irdische Glanz kam, auch der Stein sich näher und näher senkte, sichtbar vor aller Augen, bis er zerschmetternd herabfiel und alle Macht und alle Hoffnungen mit zertrümmerte. Wohl mit Grund erinnerte eine Zeitschrift da an die Verse, die einem andern Friedrich, dem zweiten Hohenstaufen dieses Namens, vor Zeiten aufs Grab geschrieben sind, und die übersetzt also lauten:

Wenn ein erhabnes Gemüth, der Güter und Tugenden Fülle,
Ruhm und Glanz des Geschlechts die Macht des Todes bezwängen,
Friedrich schlummerte nicht in dem Grab, das hier ihn umschliesset.

Welch ein Gegensatz ist auch zwischen dem Ausgange des ruhmreichen, an Alter und Ehren satten Vaters und dem des noch mitten im frischen Leben, in den Jahren noch vollster Manneskraft stehenden Sohnes! Denn auch auf den unvergesslichen Kaiser Wilhelm lässt sich eine Grabschrift des Mittelalters auf einen gleichnamigen Fürsten anwenden, die ich zunächst in ihrem schlichten Latein anzuführen mir gestatte:

    Rex Gulielmus abiit, non obiit,
    Rex ille magnificus, pacificus,
    Cuius vita placuit
    Deo et hominibus;
    Eius semper spiritus
    Deo vivat coelitus.

Das heisst zu deutsch:

    König Wilhelm ist geschieden, nicht verschieden,
    Jener König voll von Glanz und voll von Frieden;
    Dessen Leben Gott und Menschen wohlgefallen;
    Immer leben mög' sein Geist in Gottes Hallen.

Diesem unserm allgeliebten Herrscher war ausser dem ungezählten Andern auch das beschieden, was schon die Alten als eine der grössten Segnungen des Glückes rechneten, nämlich ein glückliches Ende, und nicht war hier für laute Wehklage eine Stätte, wo so viel Friede war. Ja, ein stiller Weggang war es in ein andres Leben, ganz nach dem Spruche: Herr, nun lässest du deinen Diener in Frieden fahren. Aber der Sohn, unser hochseliger Kaiser, den wir heute betrauern, musste alles durchkosten, was der Tod Bitteres hat: die Schmerzen langer Krankheit all das Qualvolle gerade dieser fürchterlichen Krankheit, dann aber das scharfe Gefühl, eben da zu erliegen, wo der hohe Beruf anfing, und wo die Kraft denselben auszufüllen sich mächtig regte. Das war ein Schauspiel, welches einen Feind zu Thränen rühren konnte, wenn dieser Kaiser einen Feind hatte. Aber Er hatte keinen: in der weiten Welt sah man auf Ihn mit Hoffnung und Vertrauen, und selbst unsre westlichen Nachbarn haben es Ihm nicht nachgetragen, dass Er es war, der über sie in dem grossen Kriege die ersten Siege errungen hatte. Welches also müssen unsre Gefühle sein, die wir sowohl von diesen Siegen die Frucht geniessen, als auch sonst so tausendfach Ihm verpflichtet und verbunden sind, nicht durch das Band der Unterthanentreue allein, sondern auch durch alles das, was Er uns war und wir an Ihm liebten und bewunderten? Wo ist, fragen wir, bei solch tragischem Geschicke dieses edlen Herrschers das versöhnende Moment, welches auch in der ergreifendsten Tragödie nicht fehlt?

Es ist in der That da, dies versöhnende Moment, hochverehrte Anwesende, und ich glaube, Sie alle werden es mit mir darin zunächst finden: nicht nur hat der Tod Kaiser Friedrich überwunden, sondern auch Kaiser Friedrich den Tod, in allen seinen Schrecken. Das ist keine Paradoxie, sondern Wirklichkeit und Wahrheit. Schon die Alten haben in Lobpreisungen auf Krieger, die in einer verlorenen Schlacht gefallen, gesagt, dass diese nicht mit besiegt, sondern siegend gefallen seien; denn die könne niemand als besiegt bezeichnen, deren Geist den Schrecken des feindlichen Angriffs widerstand und ungebeugt blieb, mochte auch der Körper unterliegen. Es ist die Bestimmung und der wahre Ruhm des Menschen, nicht allein das Böse mit Gutem zu überwinden, sondern auch die Uebel des Lebens mit Geduld und Ergebung. Diese Ueberwindungskraft aber zeigt sich da am herrlichsten, wo das irdisch Grösste verloren geht, und das unerwartet und wider den gewohnten Lauf der Dinge, und wo der Geist sich dennoch auch in diesen Verlust zu finden weiss und nicht sich beugen noch zur Verzweiflung treiben lässt. „Es gibt nichts so schreckliches, dessen Last die menschliche Natur nicht auf sich nähme," haben schon die Alten gesagt und diese Duldungskraft im Menschen in dem mythischen Atlas verkörpert, der auf seinen Schultern das Himmelsgewölbe trägt; aber es ist doch ein Unterschied, wie man etwas trägt, ob als Nothwendigkeit mit Resignation, oder als höhere Schickung mit Ergebung. Die wahre Ueberwindung des Uebels liegt erst in letzterer, und das Zeichen davon ist die damit verbundene Heiterkeit und Freiheit des Gemüths bei allen Leiden. Auch äusserlich hat unser hochseliger Kaiser Seinen Leiden lange widerstanden: Sein erhabener Sohn, der beste Zeuge, rühmt „die heldenmüthige, aus christlicher Ergebung erwachsende Thatkraft, mit der Er seinen Königlichen Pflichten ungeachtet Seines Leidens gerecht zu werden wusste." Er harrte in der Ferne aus, so lange nicht unbedingte Pflicht rief; Er ertrug geduldig die als Nothwendigkeit und demnach auch Pflicht sich darstellende Trennung von der Heimat und von dem geliebten greisen Vater; als aber das Reich Seiner bedurfte, da trotzte Er der rauhen Jahreszeit und eilte nach Norden, um Seine Pflicht als Herrscher zu thun in langem oder kurzem Tagewerke, so lange es für Ihn Tag sei. Kurz wahrlich sollte dieser Sein Tag sein; aber der Werth des Herrschers wie des gewöhnlichen Menschen liegt nicht in der Länge der Zeit, die er wirkt, sondern in der Art, wie er die lange oder kurze Zeit, die ihm gesetzt ist, ausfüllt und ausnutzt. Dies Ausnutzen der Zeit, mit voller Werthachtung auch kleiner Bruchtheile derselben, und dies Leben im Dienste der Pflicht ist von jeher Hohenzollernart gewesen, wie auch der entschlafene Kaiser Wilhelm, dem Tode nahe, noch nicht Zeit hatte müde zu sein. Sein Sohn hat ihm nachgeahmt, und wenn der Körper zuletzt unterlag, der Geist ist nie unterlegen. Damit hat Er von der erhabenen Stelle aus, auf die Sein Beruf Ihn geführt, allen unter Seinem Scepter Lebenden, ja weit über die Grenzen Seines Reiches hinaus, ein leuchtendes Beispiel aufgerichtet, wie der Mensch Leiden tragen soll. „Leide ohne zu klagen," hat Er selbst gesagt; denn die Klage ist das Zeichen des Unterliegenden, dem das Leid zu stark wird; wer aber nicht klagt, beweist, dass er der Ueberwinder ist. Und wir wissen und sehen, dass das Vorbild des Kaisers Viele stärkt, die unter geringeren Leiden erliegen möchten; ja wir alle sollen uns hieraus ein Beispiel und Lehre nehmen; denn nicht umsonst und ohne Zweck ist uns dies gezeigt worden, so hervorragend und mächtig, dass alle Augen mit Gewalt darauf gerichtet wurden.

Und auch in Zukunft, des können wir sicher sein, wird dies selbe Beispiel noch auf Viele wirken. Es ist ein altes und wahres Wort: „Von hervorragenden Männern ist die ganze Erde Grab." Wer es erreicht hat, dass sein Name und seine Thaten in der Geschichte der Menschheit fortleben, wessen Leben somit, nach dem Worte des Dichters, ein zweites Leben hinterlassen hat, für den gibt es hinfort keine Beschränkung durch Raum oder Zeit. Er ist überall gegenwärtig, wo es geschichtliche Erinnerung gibt, und die Zeit nimmt nichts hinweg, sondern die grossen Männer des Alterthums sind nach zweitausend Jahren noch in aller Munde und in immer sich erneuerndem Gedächtnis. Lassen Sie mich in Bezug auf unsern grossen Todten wieder die Worte der kaiserlichen Proclamation anführen: „Der Tugenden, die Ihn schmückten, der Siege, die Er auf den Schlachtfeldern einst errungen hat, wird dankbar gedacht werden, so lange deutsche Herzen schlagen, und unvergänglicher Ruhm wird Seine ritterliche Gestalt in der Geschichte des Vaterlandes verklären." Ja freilich, Seine Regierung ist weit kürzer gewesen, als die irgend eines preussischen Königs oder Brandenburgischen Kurfürsten. Aber selbst, wenn man sie vergessen könnte, diese Regierungszeit von nur drei Monaten, das Andere, was dieser hohe Herr Seinem Volke vordem gewesen ist und für Sein Volk vollbracht hat, würde man nicht vergessen können. Wer kennt nicht aus der englischen Geschichte den Namen des schwarzen Prinzen? Regiert hat derselbe nie; aber er hat unter den Augen seines königlichen Vaters herrliche Siege errungen, und das hat vollauf genügt, um seinen Namen bei seinem Volke unvergesslich zu machen. So hat auch unser Kaiser Friedrich, damals noch Kronprinz Friedrich Wilhelm, zuerst in diesem Lande 1864 die Siegeslaufbahn des preussischen Heeres und die Befreiung der Herzogthümer begleitet, bis zur Erstürmung der Düppeler Schanzen, nicht als müssiger Zuschauer, sondern durch Seine Gegenwart und durch Seine die Herzen gewinnende Freundlichkeit anfeuernd und belebend, stärkend und aufrichtend. Dann hat Er als Feldherr 1866 den Krieg mit geleitet, durch welchen das nördliche Deutschland zur Einheit und das südliche dieser angegliedert wurde; Sein Eingreifen in die Schlacht bei Königgrätz entschied diese Schlacht und mit ihr den ganzen Krieg. Und in dem dritten und grössten Akte dieses weltgeschichtlichen Drama's, dem, welcher die volle Einheit Deutschlands und das deutsche Kaiserreich brachte, war Kronprinz Friedrich Wilhelm der, welcher die ersten grossen Siege erstritt, der damit von Süddeutschland die drohende Gefahr eines feindlichen Einbruchs abwehrte; Er war es auch, der bei Sedan mitsiegte, an jenem denkwürdigsten Tage der neueren Geschichte, wo ein Kaiserthum zertrümmert wurde, damit ein anderes grösseres an seiner Stelle erstehe. Ein wehmüthiges Gefühl überkommt uns bei dem Gedanken, wie sehr jene grossen Dinge bereits in die Vergangenheit der Geschichte entweichen, wo sie freilich nicht untergehen können; aber wir freuten uns ihrer gleichsam als gegenwärtiger, so lange Kaiser Wilhelm die damals errungene Krone trug, so lange sein Sohn ihm zur Seite stand, und der nun beiden im Tode vorgegangene heldenmüthige Prinz Friedrich Karl, und so viele fürstliche und nichtfürstliche Heerführer, von denen nur wenige noch lebend unter uns weilen. Ein neues Geschlecht entsteht an Stelle des alten; möge es des alten Geschlechtes und seines ruhmreichen Beispiels nicht vergessen, und möge es treu die Früchte dieser Thaten bewahren und pflegen und derer in Dankbarkeit und Liebe gedenken, deren Mühe und harter Arbeit es diese Früchte verdankt. Grösser ist keine Frucht der damaligen Tage, als die der Einigkeit der lange und tief geschiedenen deutschen Fürsten und Stämme; dass diese Einigkeit noch da ist, das haben die letzten Tage in einer Weise gezeigt, die jedes Deutschen Herz mit Stolz erhob und jeden Feind Deutschlands im Innersten erbeben machte. Wer aber hat mehr gewirkt, um die Herzen der Süddeutschen, nicht ihrer Fürsten allein, sondern jedes gemeinen Mannes, zu versöhnen und zu gewinnen, als unser damaliger Kronprinz? Seiner Führung folgten die Soldaten aus Bayern, aus Württemberg, aus Baden mit derselben Begeisterung wie Seine angestammten Preussen, und wie sie Ihn in Frankreich kennen gelernt, so schilderten sie Ihn nach der siegreichen Rückkehr aus dem Feldzuge daheim den Ihrigen, so dass bald kein Name, ausser dem der eignen Fürsten, dort volksthümlicher, keine Gestalt beliebter und mehr bejubelt war, als die des preussischen Kronprinzen. Das machte der eigenthümliche Zauber dieser ritterlichen Persönlichkeit, diese Vereinigung von Hoheit und Würde und von schlichter Zwanglosigkeit des Verkehrs, diese Güte und Freundlichkeit vor allem, welche keinen Unterschied des Standes und Ranges machte, vielmehr gegen den gemeinen Soldaten bei Anlass oder Bedürfnis in derselben Stärke und sichtlichen Lauterkeit hervortrat, wie gegen den hohen Befehlshaber. So hatte man sich in Süddeutschland den Preussen nicht vorgestellt, und als nun dieser Vertreter Preussens kam und wirkte, als gemeinsamer Heerführer, bald auch als ruhmgekrönter Sieger, als Befreier von französischer Gefahr, da ist durch Ihn die innerliche Einigkeit der Deutschen begründet worden, die Einigkeit der Gefühle und die gemeinsame Begeisterung für das unter solchen Fürsten stehende deutsche Reich.

Ich habe das Glänzendste vorweggenommen, aber nicht minder ist Andres an dem uns nun entrissenen Herrscher der Liebe und Verehrung werth. Er war ein Fürst weiten und offenen Herzens, und schon Seine Reisen, die sich auf den ganzen Kreis der Mittelmeerländer wie der nordeuropäischen Länder erstreckten, von Jerusalem und Port-Said bis nach Madrid und Granada, von Russland bis zum nördlichen Schottland, zeigen Seine warme Liebe für alles Schöne und Herrliche, was irgendwo auf der Erde die Natur oder der menschliche Kunstfleiss hervorgebracht hat. Jede Art von Einseitigkeit war ihm fremd; ist Er doch auch mit den verschiedensten Nationen auf diesen Reisen in Berührung gekommen, und überall mit dem gleichen Erfolge, dass Seine mächtige Gestalt und Erscheinung vom ersten Augenblicke an imponirte, Seine Liebenswürdigkeit in raschester Folge entzückte und gewann. Alle Bestrebungen der Kunst und Wissenschaft daheim fanden Seine und Seiner hohen Gemahlin, der nun um Ihn trauernden Kaiserin Victoria, wärmste Unterstützung und Theilnahme; von einer der preussischen Universitäten ist Er ständig Rector magnificentissimus gewesen; die Kunstmuseen der Hauptstadt erfreuten sich Seiner thätigen und unermüdeten Protektion; die Aufgrabung und Bergung der Schätze von Olympia ist Seinem lebendigen Interesse für die Herrlichkeit der alten Kunst zum grossen Theil zu danken, und wer, wie so Viele von uns, mit einer Nachbildung eines dort gefundenen Meisterwerkes sein Haus geschmückt hat, der möge beim Anschauen desselben des Fürsten gedenken, ohne den er dieses Schmuckes sich nicht erfreuen würde. Ich führe in kurzer Erwähnung Ihnen vor, was Sie wissen und kennen; der Fürsten Leben ist ja ein öffentliches, und vorlängst sind alle diese Züge in unserm Gedächtnis eingegraben, so dass eine rasche Erinnerung genügt, um alles wieder lebendig vor das Auge des Geistes zu stellen.

Wiederum bei Andrem, was neuer und frischer ist, muss die Wehmuth kommen, in dem Gedanken, dass so vieles von diesem edlen Herrscher gewollt und beabsichtigt ist, was Er auszuführen Sich durch die Nothwendigkeit gehemmt sah. Ihm selbst ist das gewiss ein bitterer Schmerz gewesen, das Gute und Schöne zu wissen und nun auch in der Lage zu sein es auszuführen und ins Leben zu rufen, wenn nur dieser böse Feind, die Krankheit, nicht die Zeit dazu so wider alles Erwarten und Hoffen verkürzte und raubte. Er hat Wohlthaten und Ehren mit freigebiger Hand gespendet, Er hat Gnade gegen Schuldige in reichstem Masse geübt; aber was Er sonst in dem Programme Seiner Regierung als Ziel und Zweck derselben hingestellt hat, das ist ein geschriebenes Denkmal für die Nachwelt und eine Mahnung für Seine Nachfolger geblieben; denn es sind das alles Dinge, die nicht in einem Tage entstehen und zur Reife gelangen. Wohl verdienen gerade an dieser, der Geistesbildung geweihten Stätte die Worte des kaiserlichen Erlasses besondre Hervorhebung: „Mit den socialen Fragen enge verbunden erachte Ich die der Erziehung der heranwachsenden Jugend zugewandte Pflege. Muss einerseits eine höhere Bildung immer weiteren Kreisen zugänglich gemacht werden, so ist doch zu vermeiden, dass durch Halbbildung ernste Gefahren geschaffen, dass Lebensansprüche geweckt werden, denen die wirthschaftlichen Kräfte der Nation nicht genügen können, oder dass durch einseitige Erstrebung vermehrten Wissens die erziehliche Aufgabe unberücksichtigt bleibe. Nur ein auf der gesunden Grundlage von Gottesfurcht in einfacher Sitte aufwachsendes Geschlecht wird hinreichend Widerstandskraft besitzen, die Gefahren zu überwinden, welche in einer Zeit rascher wirthschaftlicher Bewegung durch die Beispiele hochgesteigerter Lebensführung Einzelner für die Gesammtheit erwachsen." Das sind goldene Worte, Worte eines Mannes, der den Erscheinungen im Staatsleben auf den Grund geht und auch das scheinbar Getrennte, wie die sociale Frage und die Frage der besten Erziehung, in seiner thatsächlich vorhandenen Verknüpfung zu fassen weiss. Wie Vielen ist nicht das aus dem Herzen gesprochen, was hier der Kaiser über die Gefahren der Halbbildung sagt! und ebenso das, was über die Krankheit unsrer Zeit, die Ueberschätzung einer im Kopfe sich anhäufenden Wissensmasse, in diesen Kaiserworten eingeschlossen ist! Er, der den Werth wahrer Bildung und ernster Geistesarbeit wie kein Andrer zu schätzen wusste, der einmal zu den Lehrern der Hochschule, deren Rektor er war, das Wort gesprochen hat, dass die Hochschulen an ihrem Theile ferner dazu wirken möchten, das deutsche Volk zu erhalten wie es bisher gewesen sei, waffengewaltig und gedankenschwer: Er sah auch dies klar und scharf, wie das Gegentheil der Gedankenschwere, die Leichtigkeit und Oberflächlichkeit der Gedanken, ein Unheil für das Volk ist, in dem sie sich verbreitet und dessen Stände sie durchdringt. Er wusste, dass das Gut der Bildung durch ernste Arbeit errungen wird, dagegen der Unsegen der Halbbildung mühelos und leicht, und dass in einer Zeit, wo mehr als je zuvor die verschiedenen Stände des Volkes einander genähert sind und das Beispiel der höheren die niederen immerdar und immer mehr zur Nachfolge reizt, die Gefahr wirklich sehr gross ist, dass das Leichte, die Halbbildung und der Schein der Bildung, von weiten Kreisen begierig ergriffen werde. Und das ist doch in der That die grösste Thorheit, zu meinen, dass man alles weiss, und doch nichts zu wissen, eine verdoppelte und gesteigerte Ignoranz, bei der auch das Wissen um das eigne Nichtwissen erloschen ist.

Und schliesslich kommt es im Leben des Volkes gar nicht auf das Mass des verbreiteten Wissens an, sondern auf die Art des Handelns, welche ja freilich mit dem Wissen zusammenhängt, jedoch nicht im Mindesten so, dass ein bestimmtes Quantum beliebigen Wissens das richtige Handeln zum Ergebnis hätte. Das ist es, worauf unser Kaiser weist, wenn Er die erziehliche Aufgabe in einen gewissen Gegensatz zur blossen Vermehrung des Wissens stellt; denn Erziehung ist zunächst nicht Mittheilung von Kenntnissen, sondern Gewöhnung und Uebung.

Indes ich bin nicht berufen, hier der Interpret kaiserlicher Gedanken zu sein, sondern ich wollte nur an diesem, für eine Hochschule besonders naheliegenden Beispiele zeigen, welcher Schatz der Belehrung unserm Volke in diesem so inhaltsreichen Vermächtnis Kaiser Friedrichs gegeben ist. Was Er gesprochen und als Ziele des erleuchteten Herrschers hingestellt, das wird unverloren sein, und unverloren auch das, dass Er abstellen zu wollen erklärt hat, was die Reichshauptstadt jetzt noch schändet. Denn während überall sonst in der Welt die Gotteshäuser zu den grössten Prachtbauten zählen oder auch weitaus die grössten sind und immer waren, in Athen der Parthenon und in Köln der Dom, so ist der Dom unsrer Reichshauptstadt alles eher als ein Prachtbau, ja nicht einmal für das nächste praktische Bedürfnis ausreichend. Da kam der Befehl Kaiser Friedrichs an Seinen Minister, ungesäumt mit den Vorarbeiten zu beginnen, damit ein würdigerer und geräumigerer Bau an jener Stelle erstehen könne, würdiger auch des neuen deutschen Reiches und des hohen Segens, mit dem unser Volk in diesem letzten Vierteljahrhundert in jeder Beziehung überschüttet worden ist.

Aber das, hochverehrte Anwesende, darf heute an dieser Stelle vor allen Dingen nicht unerwähnt bleiben, was Kaiser Friedrich insbesondere für diese Provinz gethan hat. Lassen Sie mich mit dem Allernächsten beginnen: von diesem Hause, in dem wir versammelt sind, ist von Ihm, dem damaligen Kronprinzen, am 3. August 1873 mit kräftigen Hammerschlägen der Grundstein gelegt worden. Niemand von uns, die wir in diesem Hause als Lehrende oder Lernende thätig sind, möchte die geringste Neigung haben, in das Haus zurückzukehren, mit dem die Kieler Hochschule sich bis vor 12 Jahren begnügen und behelfen musste, und in welchem jetzt, gleichwie es selbst eine Erinnerung an vergangene und keineswegs bessere Zeiten ist, so die sonstigen kleineren Denkmäler vergangener Zeiten zusammengetragen werden. Es sind ja wohl Einige unter uns, welche die damalige, durch den deutschen und preussischen Kronprinzen verherrlichte Feier mit angeschaut haben, und die sich freudig der hohen Leutseligkeit und schlichten Herzlichkeit erinnern, die der erhabene Fürst gegen jeden und insbesondere auch gegen die Studirenden an den Tag legte. Eingedenk der schönen und frohen Zeit, wo Er selbst auf der Bonner Hochschule dem Studium der Wissenschaften und dem ungezwungenen Verkehr mit den Commilitonen und daneben auch edler Geselligkeit Sich hingab, erschien Er auch hier in Kiel auf dem Commers der Studirenden und hielt denselben ganz nach studentischem Brauche mit ab. Vorher schon hatte er die Deputation der Studenten, unter welcher mehrere mit der Kriegsdenkmünze von 1870/1 Geschmückte waren, mit den Worten begrüsst: „Ich erwartete Commilitonen zu finden und finde nun auch Kriegskameraden!" Dieser selben Kieler Hochschule hat Er alsdann Jahre darnach seinen jüngeren Sohn, unsern erhabenen Prinzen Heinrich, den mitsammt Seiner Hohen Gemahlin wir heute unter dem Jubel der Bevölkerung in unsere Stadt haben einziehen sehen, als civis academicus anvertraut, und die Stadt Kiel ist stolz darauf, zum Sitz des hohen Fürstenpaares auch fernerhin erkoren zu sein, nach dem Willen und Wunsche auch des Herrschers, der dem Vaterlande diesen Sohn gegeben. Und endlich, die schleswig-holsteinische Universität kann so wenig wie das letzte Dorf der Herzogthümer dessen jemals uneingedenk sein, dass Kaiser Friedrich noch als Kronprinz die hochedle Tochter dieses Landes und des demselben angestammten Fürstenhauses, unsere jetzige allergnädigste Kaiserin, in Sein Haus und an Sein väterliches Herz gezogen hat.

Hochansehnliche Versammlung! Dieser edle Herrscher ist nun entschlafen, und um Ihn trauert Seine erhabene Gemahlin und unermüdete Pflegerin, die nun den Stolz und die Freude Ihres Lebens hinweggenommen sieht; es trauern die Kinder um den Vater, das Land um den milden und väterlichen Landesherrn. Möge der Allmächtige alle Leidtragenden trösten! Uns, das Volk, hat jedoch der scheidende Herrscher nicht verwaist zurückgelassen, und das ist die letzte Wohlthat deren heute zu gedenken ist. Es ist diese Wohlthat der Art, dass sie selbst uns auch Mittel uud Gelegenheit bietet, dem Entschlafenen über das Grab hinaus Treue und Dankbarkeit zu erweisen, indem wir dies nun Seinem Sohn und Erben entgegenbringen. Und es wird uns dies wahrlich über alle Massen leicht gemacht. Wäre das neue deutsche Reich ein Wahlreich wie das alte, und wir sollten jetzt unter den 50 Millionen Deutschen den neuen König küren: der königlichste, ohne Frage und ohne Zweifel zu kürende Mann wäre der, der nunmehr kraft erblichen Rechtes das Reichsscepter in dem Augenblicke ergriffen hat, wo es der

Hand des sterbenden Vaters entsank. Ich weiss nicht, ob das deutsche Volk diesen neuen übergrossen Segen von Gott verdient hat, oder vielmehr ich weiss ganz gewiss, dass das, was Segen und Gnade ist, überhaupt nicht verdient wird. Unser neuer König und Kaiser fürchtet sich vor keiner noch so schweren und ungewohnten Last, die ihm auferlegt wird: er blickt aufwärts zum König aller Könige, der Ihn eingesetzt hat, und übernimmt die ungeheure Bürde, da sie auferlegt wird, mit Mannesmuth und Zuversicht, ohne Zaudern und Zweifel. Er wendet sich an Sein Heer, an Seine Marine, an Sein Volk, an die Grossen des Volkes wie an die Letzten und Geringsten desselben; er bringt ihnen allen Sein warmes und für die Grösse des gemeinsamen Vaterlandes glühendes Herz entgegen, vertrauensvoll und um Vertrauen bittend: das deutsche und das preussische Volk müsste nicht bloss schlechter, sondern geradezu anders geworden sein als es jemals gewesen, wenn es nun nicht seinerseits mit entsprechendem Vertrauen, ja mit vollster Liebe und höchster Bewunderung dem Erben dieses Vaters und dieses Grossvaters und solcher Ahnherrn entgegenkäme. Lassen Sie es unser tägliches Gebet sein, im Sinne und Geiste vor allem auch des entschlafenen Kaisers, dem die heutige Feier gewidmet ist:

Gott erhalte, schütze, segne unsern allergnädigsten Kaiser und König Wilhelm!

Druck von Schmidt & Klaunig in Kiel.

Ideale und materielle
Lebensanschauung.

Rede
zur

Feier des Geburtstages Sr. Maj. des Deutschen Kaisers Königs von Preussen

Wilhelm II.

gehalten

an der Christian-Albrechts-Universität

am 27. Januar 1889

von

Dr. Friedrich Blass

ordentlichem Professor der classischen Philologie.

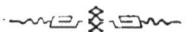

Kiel 1889.
Universitäts-Buchhandlung.
(Paul Toeche).
Druck von Schmidt & Klaunig.

Ideale und materielle
Lebensanschauung.

Rede

zur

Feier des Geburtstages Sr. Maj. des Deutschen Kaisers Königs von Preussen

Wilhelm II.

gehalten

an der Christian-Albrechts-Universität

am 27. Januar 1889

von

Dr. Friedrich Blass

ordentlichem Professor der classischen Philologie.

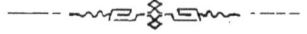

Kiel 1889.

Zu haben in der Universitäts-Buchhandlung

(Paul Toeche).

Hochansehnliche Versammlung!

Die Feier, welche wir heute begehen, ist die erste in einer so Gott will sehr langen Reihe, einer Reihe, deren Ende zu erleben die Meisten von uns nicht als etwas wahrscheinliches in Betracht ziehen. Wir geben uns somit einem gewissen Gefühle der Ruhe und Sicherheit hin, gerade nach dem doppelten schweren Verluste, welchen das verflossene Jahr dem Vaterlande gebracht hat. Vor Jahresfrist lastete auf uns allen die Sorge um zwei theuere Leben, von denen das eine bereits über alles gewöhnliche menschliche Mass hinaus durch wunderbare Fügung erhalten, das andere von einer Krankheit bedroht war, die den einmal von ihr Ergriffenen nicht loszulassen und auch keinen langen Widerstand zu dulden pflegt. Und noch nicht zur Hälfte war der Kreislauf des Jahres vollendet, als bereits das Grab sich über den beiden ersten deutschen Kaisern geschlossen hatte. Nun aber ist, zwar nicht der Schmerz um die Dahingeschiedenen, aber die Angst und Aufregung gewichen, und der dritte deutsche Kaiser verheisst, im Geiste und Sinne Seines Vaters und Grossvaters das Regiment zu führen, von deren erprobten Rathgebern Er umgeben ist. Wohl mögen wir Deutsche und Preussen mit einem gewissen Stolze darauf hinblicken, wie so gar langsam und wenig der Bestand der Räthe der Krone trotz zweimaligen Wechsels des Staatsoberhauptes geändert ist, während in andern Ländern nicht nur derartige Katastrophen, sondern weit geringere Anlässe einen plötzlichen und völligen Wechsel in den höchsten Beamtenstellen zu bewirken pflegen. Und die deutschen Fürsten, wie sie um Kaiser Wilhelm I. gestanden haben, als vor nunmehr achtzehn Jahren die Erneuerung des glorreichen deutschen Reiches geschah, so haben sie um den Enkel des Erneuerers sich geschaart, bei der Eröffnung des ersten deutschen Reichstages unter unserm jetzt regierenden Herrn. Mögen stets so die Hoffnungen der Feinde Deutschlands zu Schanden werden! Diese Feinde und Neider haben auch das sehen müssen, dass wo immer unser Kaiser auf deutschem Boden ausserhalb Seiner ererbten Stammlande Sich zeigte, die ganze Bevölkerung, hoch und niedrig, Ihm denselben begeisterten Empfang entgegenbrachte, den Er innerhalb Seiner Stammlande fand. Aber auch ausserhalb Deutschlands, im Norden und im Süden, und gerade im Süden, wohin die alten deutschen Kaiser mit Heeresmacht zu ziehen pflegten, ist Kaiser Wilhelm II. von den Herrschern wie vom Volke als Freund aufgenommen, ja vom Volke des fernen Südens in Liedern verherrlicht und gepriesen worden. Das alles haben wir bereits jetzt von unserm neuen Herrscher mit patriotischem Hochgefühle gesehen, und haben Ihm in tiefem Herzen Dank gezollt für die unermüdliche Thatkraft, mit welcher Er Sich den Pflichten Seines hohen Berufes alsbald zu widmen begonnen hat. Ein Vorbild ist Kaiser Wilhelm Seinen Unterthanen, nicht, wie etwa vordem Herrscher waren, ein Gegenstand des Neides. Ein arbeitsreicheres, vielbeschäftigteres Leben möchte es im ganzen deutschen Reiche kaum geben, als das Leben dessen ist, der unter Erneuerung eines Ausspruches Friedrichs des Grossen, Seines glorreichen Vorfahren, Sich den ersten Diener des Staates genannt hat. Wer so seinen Beruf als Herrscher auffasst, der empfindet die Krone als eine lastende Bürde, schwerer als irgend eine andere Bürde sein kann; denn die Verantwortlichkeit ist grösser als in irgend welchem sonstigen Stande und Berufe. Das ist aber nicht von jeher die Auffassung dieses Berufes gewesen, weder von Seiten der Herrscher noch von Seiten der Völker. Die Völker des alten Orients hoben den König in die Nähe der Gottheit empor, als deren irdisches, fast gleicher Verehrung würdiges Abbild er betrachtet wurde, und ein solches göttergleiches Herrscherleben galt als der Inbegriff aller Glückseligkeit, die ein Mensch begehren und erreichen könne. Denn wenn jemand nach Reichthum und Besitz verlangte, der Herrscher hatte das in grösster Fülle, und kein Anderer in seinem Reiche hatte mehr davon, als dem Herrscher gefiel. Strebte einer nach Ansehen und Ehre, der König war so zu sagen Gott und Herr, vor dem Alle in den Staub niederfielen. Und die Genüsse des Lebens, das Ziel der Meisten, standen dem Könige so zu Gebote, dass es schien, als wenn er nichts möglicherweise begehren könne, was ihm nicht sofort nach Wunsch und Willen würde. Als einmal ein persischer König seine Schwester heirathen wollte, antworteten die befragten obersten Richter des Reichs, dass sie allerdings kein persisches Gesetz kennten, welches diese Heirath gestatte, dass ihnen aber wohl ein persisches Gesetz bekannt sei, nach welchem der König thun könne, was ihm beliebe. Und wenn ja das Wunschvermögen des Königs selber nicht zulangte, so waren in diesem Reiche Preise für diejenigen ausgesetzt, welche dem Herrscher eine neue Art von Genuss verschafften, etwa eine besondere Art von Wein, oder eine neue köstliche Speise, was zu finden Land und Meer durchzogen wurde. Wenn nun dieser eine Mensch auf Kosten der vielen Millionen, über die er wie über Sklaven gebot, ein solches Leben führte, jeden Tag herrlich und in Freuden, so war es natürlich, dass er denjenigen, die selber in solchen Genüssen das Höchste sahen, zweifellos als der Glücklichste von Allen erschien. Wir sehen hier den alten Irrthum, dass der Mensch dann seinen Beruf, die Erde und ihre Güter sich dienstbar zu machen, am besten erfülle, wenn er diese Güter in möglichst grosser Fülle sammle und geniesse. Und doch, wenn man in diesem Sinne denkt und handelt, so kehrt sich das Herrschaftsverhältnis um, und nicht der Mensch ist Herr der Güter und Genussmittel, sondern sie sind die seinen. Gleichwohl sind ungezählte Geschlechter in dieser niederen, materiell gerichteten Sinnesart dahingegangen, und nur langsam und allmählich hat sich eine höhere, ideale Denkweise bilden und verbreiten können. Das ist auch zum guten Theil ein Verdienst der Griechen, deren Anschauungsweise und Wort wir uns angeeignet haben, wenn wir vom Idealen und von Ideen reden, und die Anschauungsweise, oder wenigstens die Anfänge dazu, sind bei den Griechen selbst noch viel älter als das Wort in dieser Anwendung. Es lohnt sich wohl, diesen Anfängen einmal nachzugehen, und zu sehen wie von Stufe zu Stufe der Geist fortschreitet, um sich emporzuheben über das Reich und den Dienst des Materiellen. Auf der untersten Stufe denkt der Mensch, wie wir gesehen haben, dass das Glück im vielen Besitze und im vielen Genusse liege : da ist denn der erste Fortschritt, dass man das „viel" beseitigt. Der Mensch ist auch so vielleicht noch nicht frei, aber seine Dienstbarkeit hat so zu sagen eine mildere Form angenommen, und er braucht nicht mehr ohne Mass und Ziel nach immer neuem Erwerb und Genusse zu jagen. In klassischer, unvergänglicher Form ist der Gegensatz dieser höheren Denkweise und der grobmateriellen in der bekannten Erzählung von Solon und Krösus ausgeprägt worden. Der athenische Weise und Gesetzgeber weilt als Gast an dem Hofe des lydischen Königs, des goldreichsten Herrschers seiner Zeit; denn in Lydien fand man dieses Metall, welches nach sprichwörtlicher und dichterischer Redeweise der Griechen unter allen Schätzen hervorleuchtet wie ein Feuer in der Nacht. Der Lyder liess den Athener, in dessen Lande kein Körnchen Gold gefunden wurde, in seiner Schatzkammer herumführen, um alsdann an ihn die Frage zu richten, wen er unter den vielen Menschen, die er auf seinen Reisen kennen gelernt, für den allerglücklichsten erachte. Solons Antwort ist nicht die eines Philosophen, sondern immerhin auf die allgemeine Erfahrung der Menschen gegründet, und dennoch ist der Gegensatz seiner abgeklärten und die Dinge dieser Erfahrung beherrschenden Denkweise ein imponirend grossartiger, wenn er als glücklichsten Menschen nach seiner Kenntnis einen athenischen Bürger Tellos nennt, dessen Namen damals — denn er war schon verstorben — vielleicht in Athen selbst nicht allzuviele mehr kannten, ausserhalb dieser engen Grenzen aber gewiss kaum ein Mensch. Und auf die weitere Frage, wen er für den zweitglücklichsten halte, muss der König die Namen zweier Bürger des noch kleineren Argos hören, statt seines eigenen Namens, den er nun wenigstens ganz bestimmt erwartete. Da wird er zornig und will Gründe hören, weswegen denn sein eigenes Glück so wenig werth sei. Solon nun vermisst bei Krösus erstlich bislang noch das glückliche Ende: über das Glück des Lebens lasse sich erst nach Abschluss desselben urtheilen. Sodann aber hat er das Auge für die in der That nicht fernliegende Erfahrung offen, dass Reichthum zwar hülfreich sei um die Wünsche zu befriedigen, Schaden aber und Unfall wieder gut zu machen, dagegen die übrigen Güter des Lebens nicht gewähren könne, als Gesundheit und schöne Bildung des Körpers, Kindersegen und dergleichen, und so gebe es viele, die bei grossem Reichthum doch unglücklich seien, und umgekehrt viele, die bei mässigem Besitze doch im übrigen ein gutes Geschick begleite, und die glücklich genannt werden könnten, wenn ein entsprechendes Ende das Leben schliesse. Die Reste von Solon's eignen Dichtungen stimmen völlig zu den Anschauungen, die ihn der Geschichtschreiber in dieser Erzählung vortragen lässt. In einem seiner Gedichte erfleht er von den Musen, seinen Schutzgöttinnen, als ersten Bestandtheil des Glückes guten Ruf bei allen Menschen, als zweiten, dass er seinen Freunden lieb und angenehm, seinen Feinden furchtbar sein möge; an dritter Stelle kommt erst der Reichthum, den er zwar zu haben wünscht, aber ja nicht auf ungerechtem Wege; denn die Rache komme gewiss hinterdrein. Anderswo führt er aus, wie doch diejenigen, die Gold und Silber in Menge und weite Fluren fruchtbaren Landes besässen, um nichts reicher seien als solche, die nur so viel hätten, um es sich täglich wohl sein zu lassen. Solon ist kein Feind der sinnlichen Genüsse, aber sie sind ihm doch lange nicht das Höchste im Leben, und darum erscheint es ihm verkehrt, wenn ein anderer Dichter sich den Tod mit sechzig Jahren gewünscht hatte, um nicht das freudlose Alter erleben zu müssen; er verbessert die Zahl sechzig in achtzig, und sein bekannter Spruch: ich altere indem ich immer viel neues lerne, wird wohl aus diesem Zusammenhange sein.

Eine ähnliche, mit Mässigem zufriedene Sinnesweise wie bei Solon zeigt sich nun auch bei späteren Dichtern. Anakreon, der heitere Sänger des Weines, soll ein Goldtalent ausgeschlagen haben, welches ihm sein Gönner, der Tyrann Polykrates, anbot, weil er kein Geschenk möge, welches ihm den Schlaf raube. Mehr aber als bei den Griechen ist bei den römischen Dichtern, und keineswegs allein bei Horaz, von anmuthendem Preise des geringen Besitzes und des mässigen Genusses zu finden. Unzweifelhaft lehrt gerade der Verkehr mit den Musen diese Genügsamkeit, indem er durch höhere Genüsse den Geist entschädigt für das, was der Körper weniger an Genüssen hat. Bei den Griechen aber, zumal denen des Mutterlandes, hatte die Natur für eine Erziehung auch des ganzen Volkes zur Genügsamkeit trefflich gesorgt. Wo von dem vorhandenen, ohnehin beschränkten Boden ein guter Theil überhaupt nicht, ein anderer nur mit grösster Mühe zu bewirthschaften ist, da musste freilich, wie beim Geschichtschreiber ein Spartaner zu Xerxes sagt, von jeher die Dürftigkeit einheimisch sein, oder gar, wie bei demselben Geschichtschreiber die Bewohner einer griechischen Insel sagen, zwei wenig nützliche Gottheiten nie Lust haben das Land zu verlassen, die Armuth und die Noth. Auf diese Weise ist insbesondere den Athenern, welche unter den besagten Gottheiten verhältnismässig noch gar nicht so arg zu leiden hatten, und die in der Glanzzeit ihrer Geschichte durch ihre auswärtige Politik sich ihrer sehr wohl zu erwehren wussten, eine Genügsamkeit und Bedürfnisslosigkeit anerzogen worden, die das ganze Alterthum hindurch blieb. Das heutige Athen ist, was die Privathäuser betrifft, unvergleichlich prächtiger und behaglicher geworden als das alte jemals war; denn wenn in dieses die Fremden hineinkamen, so wunderten sie sich zuerst, dass dies Athen sein solle, der engen und regellosen Strassen und des elenden Aussehens der Häuser wegen, die man aus rohen Lehmziegeln zu bauen pflegte, bis denn freilich der Fremde, bei weiterem Vorschreiten auch zu den Tempeln und zu den öffentlichen Gebäuden, den vollen Glauben bekam, dass er in Athen sei. Das war gar nicht überall in Griechenland so: in Tanagra z. Bsp., der böotischen Landstadt, waren die Vorderseiten der Häuser mit ähnlichen bunten Thonfiguren geschmückt, wie sie, aus tanagräischen Gräbern stammend, jetzt alle europäischen Museen zieren; aber in Athen war das nicht herkömmlich. Zu Demosthenes' Zeit freilich entstanden einzelne Privathäuser, die mit den öffentlichen Gebäuden wetteifern konnten, insbesondere Wohnungen von Staatsmännern, die ja in Demokratien schnell reich zu werden pflegen, und denen damals von dem erschlafften Volke mehr als vordem erlaubt wurde, das zu zeigen; ehemals nämlich war auch des mächtigsten Mannes Stadthaus von dem seines geringen Nachbarn kaum unterschieden gewesen. Wenn nun so der Kunstsinn, der doch wahrhaftig vorhanden war, um der bürgerlichen Gleichheit willen sich öffentlich wenig äussern durfte, so wird ja in den Häusern, städtischen wie Landhäusern, etwas mehr von Luxus wie von Kunst gewesen sein. Und das finden wir auch bezeugt, dass manche Leute auch mittleren Besitzes doch eine sehr schöne Einrichtung hatten, erlesenes Geräth und Geschirr von Kunstwerth, wenn auch nicht viel von Silber und noch weniger von Gold; wurden dann freilich in Kriegszeiten vom Staate an den besitzenden

Mann aussergewöhnliche Ansprüche gestellt, so war solches Geräth geeignet um versetzt oder verkauft zu werden. Das Bedürfnis aber nach mannichfachen Möbeln und Geräthen war sehr viel geringer als heutzutage bei uns. Bekannt ist die Erzählung Platon's, wie Alkibiades, der Reichsten und Vornehmsten einer, den Sokrates eines Abends mit nach seinem Hause nahm und dann, nach dem Abendessen, ihn auch die Nacht bleiben liess: die Beiden gehen aber darum keineswegs in ein anderes Zimmer, da in dem Esszimmer der Speisesopha da ist, und Alkibiades lässt kein Bettzeug holen, da der Mantel, in dem man bei Tage ging, auch des Nachts zur Decke ausreichte. Allerdings ist dies eine Junggesellenwirthschaft, und unsere Vorväter würden, wenn unser Klima nicht wäre, in einer solchen vielleicht auch nicht mehr beansprucht haben. In der Kleidung war der gewöhnliche athenische Bürger vom Sklaven nicht zu unterscheiden, und eine gewisse Art von grobem und kurzem Mantel, wie er in Sparta üblich war, trugen manche Athener mit Fleiss, um sich als sittenstrenge und abgehärtete Leute zu empfehlen; dasselbe thaten späterhin nach Sokrates' Vorgange die Philosophen, wie denn bekanntlich Sokrates mit Ausnahme besonderer Gelegenheiten auch barfuss ging. Und was Demosthenes seinem Feinde, dem reichen Meidias, an Luxus vorwirft, erscheint ärmlich, wenn man andere Zeiten und Länder vergleicht: ein Gespann weisser Maulthiere, mit dem er seine Frau an hohen Festen fahren lasse, drei Sklaven als Gefolge beim Ausgehen, wo man sonst einen mitnahm, lautes Reden auf der Strasse von mannichfachem Geschirr, damit die Vorübergehenden es hörten, einen Ueberwurf von feiner Wolle, endlich ein mächtig grosses Haus in Eleusis, das ist alles. Die attischen Mahlzeiten aber galten den späteren Griechen selber als etwas recht einfaches und frugales, und Xenophon und Platon, indem sie Feste in wohlhabenden Häusern schildern, thun des Essens kaum Erwähnung; so kurz war die Mahlzeit, und so rasch ging man zum Trinkgelage über, für welches dann allerdings die Zeit nicht so beschränkt war. Den Gegensatz zu diesem frugalen Leben fanden die Athener in alter und in späterer Zeit auf italischem und sicilischem Boden, die alten bei den dortigen Griechen, die späteren bei den Römern. Platon erzählt, wie als er zuerst nach Tarent und Syrakus gekommen sei, ihm das dortige, als glückselig gepriesene Leben der reichen Leute schlechterdings nicht behagt habe: so, dass man dort zweimal am Tage bis zur Sättigung ass; dass man überhaupt masslosen Aufwand in jeder Richtung trieb, und keinerlei Beschäftigung hatte als immer Schmausereien und was dazu gehört: eine Lebensweise, bei welcher, sagt er, alles Geistige und Sittliche im Menschen mit unbedingter Nothwendigkeit verkümmern müsse. Von den späteren Schriftstellern aber ist es Lucian, der in langer, höchst anmuthiger Schilderung Athen und Rom in Gegensatz stellt und auf den, der von Griechenland nach Rom gehe, die homerischen Verse anwenden möchte, mit denen Odysseus im Hades angeredet wird: „Warum, du Unglückselger, das Licht der Sonne verlassend, kamest du" und wie es weiter geht. Der Römer hatte schon von Haus aus eine starke Neigung zur Ostentation und zum Prunk, und das entartete und reich gewordene Rom kannte vollends kein Mass und Ziel in Ueppigkeit und Luxus und im plumpen Zeigen des Reichthums. Lucian spricht von einer Barbarei des Genusses, wenn man z. Bsp. die zum Riechen bestimmten Salben lieber trank. Dagegen hatte Athen auch damals mit der alten Dürftigkeit noch seine alten Sitten, und wusste den reichen Römer, wenn er es dort ebenso machen wollte wie zu Hause, recht hübsch zu erziehen. Wenn er in einem öffentlichem Badehause mit seinem Gefolge zahlreicher Sklaven erschien, musste er Bemerkungen hören als: hier ist doch tiefer Friede im Badehause, was soll das Heer? Aehnliche Anzüglichkeiten galten seinen buntfarbigen Gewändern, indem in Athen jeder Mann in ungefärbter Kleidung ging, und so begann der Fremde bald sich den einfachen Sitten des Ortes anzubequemen, da er mit seinem Luxus so weit entfernt war jemandem zu imponiren.

Das also war die Bevölkerung, die einen Parthenon erbaut hatte, ein 'Gebäude, welches in seinem jammervollen Zustande der Verwüstung einen katholischen Schriftsteller und Bewunderer der mittelalterlichen Baukunst zu dem Geständnisse genöthigt hat, dass hier doch etwas ganz unvergleichliches geschaffen sei. In der That, wenn das Leben einen würdigen und grossen Inhalt bekommen sollte, so musste zu allererst dasjenige, was bei den Thieren das ganze Leben erfüllt, auf einen des Menschen würdigen knappen Raum beschränkt sein. In einer attischen Komödie tritt die Göttin der Armuth, d. i. des geringen und nothdürftigen Besitzes, in Person auf, um den Leuten, die reich werden wollen, das Verkehrte ihres Wunsches zu beweisen, unter anderem damit, dass die von ihr erzogenen Männer an Körper wie an Geist besser seien, als die im Reichthum aufgewachsenen. Sie überzeugt allerdings ihr Publikum nicht, sondern wird verwünscht und weggejagt, d. h. in der Komödie, während in Wirklichkeit es ihr gar nicht einfiel zu weichen. Aber eben unter ihrer Erziehung hatte das Leben der Hellenen wirklich einen andern Inhalt bekommen, nämlich das Streben nach eigner Vervollkommnung und den thätigen Gebrauch der gesteigerten und geschulten Kräfte. So sagt der Spartaner, der gegen Xerxes die in Griechenland einheimische Armuth erwähnt, in seiner Rede weiter, dass Tugend daselbst eingeführt sei, durch Weisheit und die Macht des Gesetzes zu Wege gebracht; mittelst dieser Tugend erwehre man sich der Armuth und der Fremdherrschaft. Tugend bedeutet hier und sonst jegliche Art von Tüchtigkeit und Auszeichnung, und ist gar nicht durchaus oder vorwiegend im moralischen Sinne zu nehmen; selbstverständlich ist die Kriegstüchtigkeit eine sehr hervorragende Tugend. Auch so ist dies eine schon höhere Stufe idealer Denkweise als die zu Anfang von uns betrachtete, und das sogar dann, wenn es sich, wie bei den Griechen in älterer Zeit, vorwiegend um Tugenden des Körpers handelt. Was befremdet uns wohl in der Gütertafel eines kleinen griechischen Liedes, welches bei Gastmählern gern gesungen wurde, und welches folgendermassen lautet: „Gesundheit ist das Beste für den Sterblichen; das Zweitbeste: schöne Gestalt des Leibes; das Dritte: Reichthum ohne unrechtes Gut dabei; das Vierte: Genuss des Lebens in Gesellschaft guter Freunde"? Nicht, dass der Reichthum aus der ersten Stelle verdrängt ist, denn dass Gesundheit vorangehe, erscheint auch uns als richtig und fast selbstverständlich; aber dass die Schönheit den zweiten Platz hat; man könnte nämlich meinen, dass dieses Gut zwar bei Pferden sehr, bei Menschen aber doch nicht so viel in Betracht komme. Die Griechen aber haben wirklich in ihrer älteren und besseren Zeit anders geurtheilt, und auf die Pflege des Körpers nicht nur der Gesundheit, sondern auch des Aussehens wegen sehr viel Mühe verwandt, den besonders kräftigen oder gewandten Körper aber so hoch geschätzt, dass der in Olympia siegreiche Wettkämpfer daheim bis an sein Lebensende die höchsten Ehren eines Wohlthäters der Stadt genoss. Es steckt hierin wirklich ein ganz mächtiger Idealismus, höchst segensreich für die Erhaltung und Mehrung der Tüchtigkeit der Nation. Bedenken wir auch das, dass bei der Schulung und Uebung der Athleten streng geregelte Diät und grösste Enthaltsamkeit gefordert wurde, und dass sich dieser Enthaltsamkeit gar mancher begüterte Jüngling und Mann, sogar aus den üppigen Griechenstädten Italiens und Siciliens, alle seine kräftigsten Jahre hindurch freiwillig unterwarf, um — eines Kranzes von Olivenzweigen willen. Die olympischen Spiele fanden auch im Jahre 480 vor Chr. statt, als die Perser in Griechenland standen, und als dies dem Xerxes gemeldet wurde und zugleich, dass der Kampfpreis nicht Geld, sondern ein Kranz sei, konnte ein einsichtiger Perser im Gefolge des Königs sich nicht enthalten, sein bewunderndes Staunen über diesen Feind auszudrücken. Wirklich war es auch von Seiten der Zuschauer eine grosse Leistung, die Spiele in Olympia Tage lang anzusehen; denn sie fanden in der heissesten Jahreszeit statt, in welcher die Ausgrabungsarbeiten dort, die wir erlebten, regelmässig geruht haben. Und dennoch war zumal in der guten Zeit Griechenlands ein ungeheurer Zusammenfluss dorthin, und man machte sich nichts aus Sonne und Staub und den Mückenschwärmen der Flussniederung, aus Begeisterung für dies Schauspiel körperlicher Tüchtigkeit. Denken wir uns etwa einen üppigen Lyder als zufällig dorthin gekommen, einen dem Schätze und Genüsse alles im Leben waren: er musste unfehlbar Wettkämpfer wie Zuschauer für verrückt halten. Indess hat auch in Griechenland diese Volksanschauung ihre Zeit gehabt, und es kam eine andere Zeit mit etwas anderer Anschauung. In dem Masse wie Demokratien statt der alten aristokratischen Verfassungen entstanden, ging es mit dieser Zucht besonders kräftiger Menschen wie mit der Pferdezucht, die man für dieselben Wettkämpfe gleichzeitig pflegte: beide gingen allmählich rückwärts, indem beide etwas aristokratisches an sich haben. Wer hatte denn die Musse, sein halbes Leben auf die Erlangung einiger Kränze zu verwenden, ausser solchen Leuten, bei denen die Lebensmittel von Haus aus reichlich vorhanden waren? Dazu passte der olympische Sieger in die bürgerliche Gleichheit der entwickelten Demokratie wenig hinein, und so hat insbesondere die attische Demokratie die virtuose Ausbildung des Körpers wie auch die des Geistes so wenig begünstigt, dass die vordem gerade in Athen besonders blühenden Schulen gymnastischer wie auch musischer Ausbildung schon im Laufe des fünften Jahrhunderts ein Ende nahmen. War doch auch der praktische Nutzen dieser gesteigerten Gymnastik für das Gemeinwesen sehr zweifelhaft: eine Stadt aus lauter schnellen Läufern hatte daran noch keine Bürgschaft ihres Gedeihens; ja der gewaltigste Ringer taugte vielleicht weniger als ein Anderer für den kriegerischen Kampf, und überhaupt musste die einseitige Ausbildung einer Kraft die übrigen Kräfte eher schädigen. Nicht einmal die Schönheit der Erscheinung gewann bei der Athletik, ausser wenn jemand, für den sogenannten Fünfkampf, alle Kräfte in einer minder virtuosen Weise übte. Zu verwundern ist es also nicht, dass schon vor den Perserkriegen ein philosophischer Denker, dem auch manches Andere bei seinen Landsleuten nicht behagte, die übertriebene Hochschätzung eines olympischen Siegers tadelte: Weisheit sei besser und heilvoller für den Staat, als die Stärke von Männern und Rossen. Diesen Gedanken entsprach Athen, wie es sich seit dem fünften Jahrhundert entwickelte: während an anderen Orten Ehrenbildsäulen von Athleten den Markt schmückten, standen in Athen dort die Erzbilder solcher Bürger, die im Kriege oder Frieden für den Staat etwas wirklich grosses und nützliches geleistet hatten. Sind nun darum die Athener der idealen Anschauungsweise der alten Hellenen untreu geworden? Nicht doch, sondern das Ideal war ein anderes und höheres: die Tugend und Tüchtigkeit, welcher der Einzelne nachstrebte, sollte dem Gemeinwesen zu Gute kommen, und dies Gemeinwesen bot Raum für die mannigfachsten Bestrebungen, kriegerische wie friedliche, künstlerische wie praktische. Und daneben stellte das Gemeinwesen ein grosses Ziel für Alle, die Grösse und den Ruhm der Stadt, wofür man weder die Schätze des Staates sparte, noch das Leben der Bürger. Ich wüsste nicht, was in seiner Art mehr ideale Anschauung zeigte, als die Reden des Perikles, wie sie der Geschichtschreiber uns wiedergegeben hat, in denen der grosse Staatsmann sich und seine Hörer auch wegen des möglichen dereinstigen Niederganges dieses mächtigen Staatswesens mit dem Bewusstsein tröstet, doch etwas ewig Denkwürdiges, für die Bewunderung der spätesten Nachwelt stets Verbleibendes geschaffen zu haben. Das ist ja seitens eines Gemeinwesens dieselbe Auffassung, wie sie der alte Philosoph Heraklit in Bezug auf die Einzelnen ausdrückt: eines erwählen die Besten für alles andere, unvergänglichen Ruhm des sterblichen Geschöpfes; der grosse Haufe nährt sich gleich dem Viehe. Auch bei Plato finden wir diesen Gedanken vorgetragen, wie der höher gerichtete Mensch die Nichtigkeit und Hinfälligkeit seines irdischen Wesens dadurch zu überwinden bestrebt ist, dass er ewig Denkwürdiges zu leisten und zu schaffen, gleichsam unsterbliche Nachkommen hervorzubringen sucht, und wer sähe nicht, dass jenen Männern alter Vorzeit dies ihr Streben gelungen ist, und dass es sich allerdings für sie verlohnte, die Güter und Genüsse des gegenwärtigen Lebens gering zu achten und zu opfern um dieses Preises willen? Und dennoch, auf der höchsten Höhe sind wir damit noch nicht angelangt, auch nicht, wenn wir bloss uns führen lassen durch die Männer, welche in jenen alten Zeiten der kleine Fleck Erde am ägäischen Meere hervorgebracht hat, und nicht sehen auf das helle Licht, welches dann einige Jahrhunderte später aus dem allerverachtetsten Winkel der Erde hervorgestrahlt ist. Wir dürfen ja von den bedeutendsten Geistern der griechischen Nation mehr erwarten als das, was so zu sagen Gemeingut des ganzen Volkes geworden war, insofern als die Meisten, wenn auch weit entfernt, immer in diesen Anschauungen zu leben, jedenfalls zeitweilig oder auf Augenblicke sich in dieselben hineinversetzen konnten. Der wirklich hochstrebende Geist aber sieht sich im Widerstreit nicht nur mit dem Thun und Treiben der Menge, welches nicht einmal dem eignen Ideale derselben zu entsprechen pflegt, sondern auch mit den Lehren derjenigen, welche der Menge diese Ideale hingestellt haben. Die ersten Lehrer der Griechen waren die Dichter gewesen; den Dichtern tritt nun im Fortschritt der Zeit der Philosoph entgegen, von den Zeitgenossen wenig verstanden, aber desto mehr für die Nachwelt wirkend. Wir kommen hiermit auf unsern Ausgangspunkt zurück, auf die Frage nach dem Glücke, welches Reichthum und Macht zu gewähren im Stande ist, wenden aber jetzt die Frage etwas anders, indem wir ganz besonders auf die Macht dabei sehen. Wiederum ist der König, oder der Tyrann, kurz der Selbstherrscher, derjenige, in dessen Lebenslage Reichthum und Macht in einer den Griechen, einschliesslich ihrer Dichter, gottähnlich erscheinenden Weise verbunden hervortraten. Nicht nur um der Genüsse willen, sondern auch um des ungehemmten und unbeschränkten Thuns und Schaffens willen erschien der Tyrann beneidenswerth, und dagegen derjenige zu bedauern, dessen Tüchtigkeit, weil er nicht regierte, eingeengt war, und der somit einer von Vielen bleiben musste, statt seiner überlegenen Natur gemäss die Andern zu seinem Willen zu zwingen. Hören wir dagegen zunächst die Worte eines Denkers, der gar nicht einer von den grössten war, und älter als Plato. „Man muss", sagt derselbe, „nicht nach rechtswidriger Macht streben, noch im Erwerb einer solchen die Mannestugend sehen, hingegen in dem Gehorsam gegen die Gesetze Feigheit; denn das ist eine nichtswürdige Gesinnung, und aus ihr entspringt alles Unheil. Ihrer Natur nach sind die Menschen unfähig einzeln zu leben, und haben sich der Nothwendigkeit folgend zu Gemeinschaften zusammengethan; in solchen aber können sie nicht ohne Recht und Gesetz leben; denn dann wäre der Schade noch grösser als bei dem alten getrennten Leben. Somit ist nach Nothwendigkeit das Gesetz König unter den Menschen und kann auf keine Weise aus ihnen weichen; denn gewaltige Naturmacht hat dies zusammengefügt. Wenn es nun jemanden gäbe mit einer derartigen Natur, dass er unverwundbar wäre, unanfechtbar von Krankheit, übermenschlich und stählern an Leib und Seele, so könnte es scheinen, als ob für den die rechtswidrige Gewalt von Vortheil wäre, indem er ohne Unterwerfung unter das Gesetz sich zu behaupten vermöchte. Aber diese Meinung wäre dennoch nicht richtig; nur als Beistand und Vertreter von Recht und Gesetz könnte selbst ein solcher sich halten; andernfalls erläge er schliesslich der Uebermacht derjenigen, die dies auf ihrer Seite hätten. Und so ist auch das eine thörichte Auffassung, dass ein Zwingherr emporkommen könne ohne Schuld derjenigen, denen er die Freiheit raubt. **Wenn alle sich der Schlechtigkeit zuwenden, dann tritt dies ein; denn die Menschen können nicht ohne Recht und Gesetz leben, und schwindet nun dies beides bei der Menge, dann kommt die Vertretung davon und die Aufsicht darüber an Einen, der nun der Natur gemäss die Macht über die Vielen an sich reisst".** Dieser Schriftsteller also redet nicht von dem Glücke eines Herrschers, sondern von der Bedingung seiner Macht, dass er Recht und Gesetz für sich habe und vertrete. Plato aber lässt in einem seiner Dialoge das Gespräch auf den damaligen König von Makedonien kommen, einen für seine Zeit recht mächtigen und berühmten Herrscher, und an den Sokrates die Frage richten, ob er denselben für glücklich halte. Ich weiss nicht, erwidert dieser, denn ich habe seine Bekanntschaft noch nicht gemacht. Und auf die weitere Bemerkung des Unterredners: dann wirst du wohl auch nicht zu wissen behaupten, ob der Grosskönig von Persien glücklich sei, antwortet Sokrates mit derselben Ruhe: Und mit voller Wahrheit werde ich das behaupten; denn ich weiss ja nicht, wie es bei ihm mit Bildung und Gerechtigkeit steht. Wie denn, fragt jener, besteht denn hierin die gesammte Glückseligkeit? So sage ich wenigstens, erwidert Sokrates: wer gut und tugendhaft ist, Mann oder Weib, ist glückselig; wer hingegen ungerecht und schlecht ist, ist unglückselig. Hiernach hatte in der That Solon bei Krösus nicht gefragt: jener Gesetzgeber stand in seiner Zeit, Platon über der seinigen. Indes auch jener Schriftsteller, den ich vorhin erwähnte, setzt nicht nur den Werth des Menschen in seine Tüchtigkeit und Tugend, sondern auch den Werth der Tüchtigkeit selber darin, dass sie für das Gute verwendet werde: der Beste sei der, welcher den Andern am meisten Nutzen schaffe, und das könne er, in ganz anderer Weise als etwa durch Vertheilung vielen Geldes, wenn er dem Recht und dem Gesetze Beistand leiste.

Hochverehrte Anwesende! Ich fürchte diesmal nicht, dass ich Ihre Gedanken allzuweit von dem Gegenstande der heutigen Feier abgeführt habe. Wohl sind es fernliegende Zeiten, von denen ich redete, aber wer nur schärfer zusieht, erkennt in der Vergangenheit immer und überall ein Spiegelbild der Gegenwart, und findet es nicht unnütz, zuweilen in diesen Spiegel zu schauen. Und was von den alten Denkern Wahres gefunden und in mustergültiger Form zum Ausdruck gebracht ist, hat durch zweitausend und mehr dazwischen liegende Jahre seine Wahrheit nicht verloren. Aber nunmehr wenden wir uns direkt der Gegenwart wieder zu; denn sie ist es werth. Eine hohe, eine gekrönte Schaar begrüsst und beglückwünscht heute unsern jungen Herrscher zu dem ersten Wiegenfeste, welches Er als König von Preussen und deutscher Kaiser begeht. Zum zweiten Male seit Kaiser Wilhelm's II. Regierungsantritt haben sich deutsche Fürsten in der Reichshauptstadt versammelt, um vor aller Welt, vor Wohlgesinnten und vor Uebelgesinnten, ihre Einigkeit und den festen Bestand des neugegründeten Reiches zu bezeugen. An allen Orten von Deutschland aber versammelt sich das Volk, Grosse und Kleine, zu dem gleichen Zeugnisse des festen Zusammenstehens um den deutschen Kaiser. Das ist etwas Grosses, dass dies geschieht und geschehen kann; aber wohl mag es auch nothwendig sein, diese Treue zu König und Kaiser immer wieder laut zu bezeugen und kundzuthun, damit sich fürchte, wer nicht lieben will. Kaiser Wilhelm ist bei uns, Gott sei Dank, der geborene oberste Hüter von Recht und Gesetz, aber auch nicht bloss der geborene, sondern wir wissen, und selbst missgünstige Ausländer bezeugen es, wie Er einen wahrhaft königlichen Sinn trägt, wie ernst Er Sein erhabenes Amt nimmt, wie Er es Sein tägliches und unablässiges Bemühen sein lässt, ein Wohlthäter der vielen Millionen zu sein, die Seinem Scepter unterstellt sind. Nicht prunken noch geniessen will Er, sondern dienen mit allen Gaben und mit allen

Kräften, und mit allen den Machtmitteln eines Königs von Preussen und Deutschen Kaisers. Was ist nun unsere Aufgabe dabei? Nicht nur die Liebe und Verehrung, die uns sehr leicht gemacht ist, sondern auch die Unterstützung, wie jeder es vermag, mit willigem und ergebenem Dienste, mit Wünschen und Gebeten, auf dass das, was Kaiser Wilhelm II. Sich vorgesetzt hat, immerdar zur Erfüllung gelange zum Wohle und Heile Preussens und Deutschlands. Lassen Sie uns alle uns vereinigen in dem Rufe:

Se. Majestät, unser allergnädigster Kaiser und König und Herr, lebe hoch!

Druck von Schmidt & Klaunig in Kiel.

Die Entdeckungen
auf dem
Gebiete der klassischen Philologie
im Jahre 1891.

Rede
zur

Feier des Geburtstages Sr. Maj. des Deutschen Kaisers Königs von Preussen

Wilhelm II.
gehalten

an der Christian-Albrechts-Universität

am 27. Januar 1892

von

Dr. **Friedrich Blass**

ordentlichem Professor der klassischen Philologie.

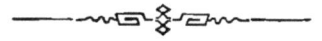

Kiel 1892.

Universitäts-Buchhandlung.

(Paul Toeche.)

Die Entdeckungen
auf dem
Gebiete der klassischen Philologie
im Jahre 1891.

Rede
zur

Feier des Geburtstages Sr. Maj. des Deutschen Kaisers Königs von Preussen

Wilhelm II.

gehalten

an der Christian-Albrechts-Universität

am 27. Januar 1892

von

Dr. Friedrich Blass
ordentlichem Professor der klassischen Philologie.

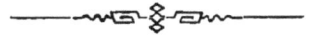

Kiel 1892.
Universitäts-Buchhandlung.
(Paul Toeche.)

Hochansehnliche Versammlung!

Wiederum ist der Festtag des 27. Januar erschienen, der zu gewohnter Stunde die Angehörigen unserer Christiana Albertina, ihre Gönner und ihre Freunde zu gemeinsamer Feier vereinigt. Es trifft sich aufs beste, dass nahe dem Anfange des Jahres dieser patriotische Feiertag steht, geeignet, auch für den neuen Zeitabschnitt die Gefühle der Ergebenheit gegenüber dem erhabenen Oberhaupte des Vaterlandes kräftig anzuregen und zu stärken. In diesen Gefühlen sind die verschiedenen Stände und Berufsklassen einig; was immer sonst trennt und scheidet, an diesem Tage und bei diesem Anlass wird es aufgehoben: wir fühlen uns als Söhne eines Landes, als unter einem Herrscher stehend, der uns alle deckt, schützt und schirmt. Insonderheit lassen es sich die Unterrichtsanstalten heute angelegen sein, in der heranreifenden oder herangereiften Jugend das zu pflegen, was bisher das Vaterland gross gemacht und gross erhalten hat, und was stets das abtretende Geschlecht dem eintretenden einprägen und anerziehen muss, die Liebe zum Herrscherhause. Hat doch niemand anders als das hohe Haus der Hohenzollern zuerst Preussen, und dann durch das starke Preussen auch das einige Deutschland geschaffen: Preussen wäre nicht vorhanden, und Deutschland nicht viel mehr als ein geographischer Begriff, hätte nicht dieses Haus, und zwar Jahrhunderte hindurch, die deutsche Volkskraft gesammelt, geübt, gestählt, bis sie zu der Vollbringung solcher Thaten fähig war, wie wir sie selber erlebt, Viele von uns auch mitvollbracht haben. Jetzt sitzt der Enkel auf dem Throne, welcher der erhabene Grossvater mit seinem heldenmüthigen, früh durch schwere Leiden vollendeten Sohne gegründet hat. Die Person des Herrschers hat zweimal gewechselt; aber es ist dasselbe Blut, dieselbe kraftvolle Art; noch vor wenigen Tagen durften wir Kaiser Wilhelm II. in unserer Stadt schauen, wie er rüstig und unermüdet hier und dorthin eilte, mit eignen Augen sah, nicht allein den Führern des Heeres und der Flotte, sondern auch den Gemeinen von Person zu Person gegenübertrat, und den neueingestellten Mannschaften aus eignem Munde warm und eindringlich ihre Pflichten einschärfte. Doch nicht an diese Thätigkeit unsrer Herrscher, so werthvoll und hochnöthig sie ist, mahnt uns dieser Festraum, sondern an eine andre, nicht minder von ihnen hochgehaltene, nämlich die Pflege der Geistesbildung. Mögen wir dieses Haus ansehen, oder draussen die stattliche Reihe der prächtigen, den Zwecken unserer Hochschule dienenden Gebäude: nichts von dem allen stand, ehe die Hohenzollern ins Land kamen, und wir wissen, dass wenn wir nur selbst das Unsrige thun, an äusseren Mitteln zur Pflege unserer Studien es weniger als jemals, während der ganzen Geschichte der Universität, gebricht und gebrechen wird. Das ist denn zugleich für uns ein kräftiger Antrieb, es an uns nicht fehlen zu lassen, sondern zu schaffen und zu wirken, ein jeder auf dem von ihm erwählten Gebiete menschlichen Wissens und Könnens. Es ist heutzutage ein Zusammenwirken und ein Wetteifer der verschiedenen Nationen, wodurch in mächtigster Weise die Wissenschaft gefördert wird; jedes Jahr hat seine Entdeckungen und Errungenschaften, auf den verschiedensten Gebieten. Möge es mir gestattet sein, von dem Standpunkte meiner Wissenschaft aus einen Rückblick auf das verflossene Jahr 1891 zu werfen, einer Wissenschaft, die noch nicht aufgehört hat, über die Kreise der ihr dienenden Fachgenossen hinaus ein allgemeines Interesse zu finden. Dafür ist eben das verflossene Jahr ein glänzender Beweis; denn wieviel Zeitungsartikel in deutscher, englischer, französischer Sprache, kurz in allen Kultursprachen, sind der klassischen Philologie gewidmet gewesen! Anlass waren die ungeheuren Fortschritte, die wir in der Erkenntnis des von uns umfassten Gebietes in diesem Jahre gemacht haben, freilich nicht durch unsere Kunst und Weisheit, sondern durch das gute Glück, welches viel mehr kann als wir. Als historische Wissenschaft war die klassische Philologie auf die auf uns gekommene Ueberlieferung angewiesen, deren entsetzlich trümmerhafter Zustand bei dem Abstande von 1500—2500 Jahren nicht zu verwundern ist; wir nahmen also auf, was sich fand, kombinirten, ergänzten, mit Fleiss und mit Scharfsinn, bis wir glaubten ein leidlich zusammenhängendes Ganze der Erkenntnis zu haben, und bis diejenigen, die etwas ferner standen, meinten und sagten, die classische Philologie sei mit ihrer Forschung im wesentlichen fertig. Es war in der That, das müssen auch wir zugeben, an Themen für Doktordissertationen empfindlicher Mangel eingetreten, und mit Neid blickten wir auf angrenzende Gebiete, wo solche Themen nur so an der Oberfläche lagen. Jetzt kann niemand mehr glauben, dass wir fertig wären. Wie bei einem hohen, von Wolken umlagerten Berge es vorkommt, dass das Gewölk sich an einer Stelle einmal etwas zertheilt und mehr als bisher sehen lässt: so schätzen auch wir die Höhe, auf die wir hinauf möchten, jetzt etwas richtiger, und erblicken auch eine Strecke Weges vor uns, die wir jedenfalls noch zurücklegen können und müssen. Und wir haben die gutbegründete Hoffnung, dass noch mehr Wolken sich zertheilen werden.

Wie das gekommen ist, darüber ist ja das Meiste ziemlich bekannt; aber es möge mir gestattet sein, auch an das Bekanntere kurz zu erinnern. Wer den Wunsch hatte — und wer hatte ihn schliesslich nicht? — von dem schriftstellerischen Nachlass des Alterthums etwas mehr zu besitzen, der richtete seine Blicke wohl zumeist nach den mittelalterlichen Stätten der Bildung, sei es Europas, sei es Asiens, und hoffte, dass von dort her noch einmal diese oder jene Schrift ans Licht träte. So ganz unbegründet war diese Hoffnung nicht, und sie hat nicht völlig getäuscht; aber etwas Grosses, was auch weitere Kreise interessiren konnte, ist bisher weder aus den Klöstern des Athos, noch aus denen Jerusalems, noch aus der alten Residenz der morgenländischen Kaiser neu hervorgezogen worden. Ich rede von dem Gebiete der klassischen Philologie, nicht von dem der Theologie; denn die Theologen haben eher Ursache, mit dem Ertrage der Klöster zufrieden zu sein, wiewohl sie es nicht sind und auch nicht sein dürfen, so wenig wie wir jemals.

Aegypten aber, das Land urältester Kultur und nachmals die vornehmste Pflegerin des griechischen Schriftthums, das ist jetzt für uns die Spenderin geworden und das Land unserer Hoffnung, während die Theologen, so gern wir auch ihnen etwas gönnen, wenigstens das Urevangelium von dorther kaum bekommen werden, wiewohl zwei oder drei Quadratcentimeter Papyrus, die vor ein paar Jahren ans Licht kamen, sanguinischen Leuten wirklich als Fragment eines Urevangeliums erschienen sind *). Solche Papyrusstückchen nun, die man nach Quadratcentimetern misst, gab es auch auf unserem Gebiete schon vor 1891 eine ganze Menge, und auch einiges nach Metern und Quadratmetern zu Messende; aber der Inhalt täuschte zumeist, und wir sahen mit unwilligem Gefühle, dass eine grosse und schöngeschriebene Rolle nichts enthielt als etwa ein Buch der Ilias in einem Texte, der von dem unserer Pergamenthandschriften herzlich wenig und meist nicht zum Besseren abwich. Das Einzige von Umfang und Bedeutung, was Aegypten bisher geliefert

---

*) G. Bickell, Ein Papyrusfragment eines nicht canonischen Evangeliums, in der Ztschr. f. kathol. Theologie III. Jahrg. 1885. Auch protestantische Theologen haben sich täuschen lassen und sogar noch mehr daraus machen zu können gemeint.

hatte, waren vier oder fünf Reden von Demosthenes Genossen, dem im Alterthum sehr hoch geschätzten Redner Hypereides, von dem durch ungünstigen Zufall in Pergamenthandschriften nichts erhalten ist. Abzüge sind aber auch hier zu machen: denn weder sind die gefundenen Reden die besten und berühmtesten des Mannes, noch sind sie — mit einer Ausnahme — unversehrt, noch ist von der einen, die sehr vortrefflich und sehr interessant zu sein scheint, seitens des französischen Entdeckers bisher mehr als ein Fragment mitgetheilt, während er das Uebrige einstweilen für sich behält. So haben es die Engländer nicht gemacht, sondern was sie gefunden, das haben sie mit bewundernswerther Schnelligkeit zurecht gemacht und der gebildeten Welt überliefert, und das sind eben die Entdeckungen des Jahres 1891, von denen ich zu reden habe. Es war in den allerersten Monaten des verflossenen Jahres, als von London her die erstaunliche Kunde kam, man habe dort eine Handschrift der verlorenen, so vielvermissten Schrift des Aristoteles vom Staate der Athener, derselben Schrift, von welcher zwei kärgliche und greulich ruinirte Fragmente schon vor 12 Jahren in Berlin unter den Sammlungen des ägyptischen Museums entdeckt worden waren, wegen ihres Zustandes mehr Stoff zum Zweifel und zum Streite bietend, als die Erkenntnis fördernd. Jetzt aber waren es nicht Fragmente, sondern beinahe das Ganze, was angekündigt wurde, und nun geriethen nicht nur die Fachgenossen aller Länder in freudigste Erregung, sondern dieselbe ergriff, wie ein Franzose konstatirt, auch das grosse Publikum: jeder Zeitungsleser, sagt derselbe, d. h. alle Welt, erwartete ungeduldig das Erscheinen des neuentdeckten Schatzes. Und dasselbe folgte auch prompt der Ankündigung, in schöner Ausstattung und bald auch mit phototypischen Tafeln, welche die Handschrift so getreu und scharf wiedergaben, wie das nur irgend möglich ist. Es fehlt der Anfang der Schrift, und der letzte Theil ist nur in Fragmenten da; im übrigen ist die Erhaltung erstaunlich gut. Woher kommt die Handschrift? Selbstverständlich aus Aegypten, und selbstverständlich aus einem Grabe, welches allein sie so gut hüten konnte; das sagen wir uns aber eben selbst, während die Entdecker und Besitzer wohlweislich nichts sagen. Ich zweifle auch, ob in diesem Kreise, in dem sich wohl niemand befindet, der die Absicht hätte in Aegypten nach Schätzen zu graben, so grosses Interesse erregen würde, wenn ich im Stande wäre, hier den Ort des betreffenden Grabes zu verrathen. Wie kommt sie aber in das Grab? Darüber lässt sich vollends nur muthmassen; aber es liegt nahe, sich das zu denken, wie der dort Begrabene an dieser Schrift und dieser

Handschrift im Leben sehr gehangen hatte, weswegen man sie ihm in
sein Felsengrab mitgab. Das war ja für damals, vom Standpunkte ver-
nünftiger Ueberlegung, vielleicht recht sehr unpraktisch; aber für uns,
die Nachwelt, ist es eminent praktisch und nützlich gewesen. Die Handschrift besteht nun aus 4 Rollen, was bei Papyrus bekanntlich die
übliche Weise der Verwendung war; die Schrift steht dann nur auf einer
Seite, und sämmtliche Columnen nebeneinander. Die Gesammtlänge der
4 Rollen beträgt gegen 6 Meter, die Höhe etwa 28 Centimeter. Aber
während bei der Zurichtung des Papyrus diejenige Seite als eigentliche
Schreibseite hergestellt wurde, auf welcher die aus den Stengelgliedern
der Papyrusstaude geschnittenen Streifen horizontal nebeneinander gelegt
waren, auf eine erste vertikal gelagerte Schicht, ist in diesem Falle auf
der Seite mit den vertikalen Streifen geschrieben, d. h. auf der Rück-
seite. Weshalb? Weil die Vorderseite bereits beschrieben war, mit Rech-
nungen über Ausgabe und Einnahme bei der Verwaltung eines Landgutes,
aus dem Jahre 79 nach Chr. Also nicht auf neuem Papier, sondern auf
Makulaturpapier ist geschrieben. Das hängt damit zusammen, dass dies
keine eigentliche Handschrift für den buchhändlerischen Vertrieb,
sondern eine Privatabschrift ist; so billig nämlich, wie unser Papier,
war der Papyrus nicht, dafür indes wohl haltbarer; denn es ist wirklich
zweifelhaft, ob unser Papier, immerhin in einem trockenen ägyptischen
Grabe, 1800 Jahre lang ausgehalten haben würde ohne zu zerfallen.
Die Dinte aber muss geradezu vorzüglich gewesen sein. Nun ist ja jeder,
der mit Briefen, die nicht von kaufmännischer Hand geschrieben sind,
oder mit Akten, die nicht die Hand eines Sekretärs gefertigt, öfter zu
thun hat, auch mit den Schwierigkeiten bekannt, die das Lesen solcher
Schriftstücke mit sich bringt: gewöhnliche Cursivschrift kann eine Plage
und eine Folge von Räthseln sein. Auch die Griechen hatten ihre
Cursivschrift, und in dieser Privatabschrift ist sie angewendet, statt der
eigentlichen Schrift für Bücher, die mit unserer Druckschrift zu vergleichen; man möge sich darnach vorstellen, welches die Mühe des
ersten englischen Herausgebers war, indem man sich etwa eine Masse
von uralten, schlecht geschriebenen und dazu vielfach abgescheuerten
Briefen denkt, die man lesen soll, ohne vom Inhalte etwas zu ahnen.
Er hat es im wesentlichen fertig gebracht, und wo er falsch gelesen, da
haben Andre nachgeholfen, so dass schon jetzt, nach $^3/_4$ Jahren, der
Rest des Unentzifferten nicht gross ist, und alle Aussicht besteht, dass
wir auch dies bis auf ganz Weniges bewältigen, allein von der zertrüm-
merten vierten Rolle abgesehen. So leistungsfähig ist die heutige

Philologie, und so arbeitswillig; ich sage das nicht ohne Stolz, und deswegen ohne Scheu, weil ich über das, was sie nicht kann, weiterhin ebenso offen zu sein gedenke.

Nachdem also im Februar dieser grosse Schatz zu Tage gekommen war, dauerte es kein halbes Jahr, und ein zweiter war da, in einem stattlichen Bande, der in Dublin seitens der dortigen Akademie veröffentlicht wurde. Hier war nicht der Umfang des gefundenen Papyrus bemerkenswerth, wohl aber das Alter; denn diese sind aus dem 3. Jahrhundert vor Chr., aus welcher Zeit sonst so gut wie gar keine griechischen Papyri existiren; noch ältere werden auch wohl niemals existiren. Hochinteressant ist auch der Inhalt, über den alsbald zu reden; ganz merkwürdig aber und an das Fabelhafte grenzend die Art der Auffindung. Der Ort ist diesmal kein Geheimnis: Gurob im Fayum, jenem Seitenthal des Nil, wo im Alterthum die Stadt Krokodilopolis lag; man verehrte dort nämlich das Krokodil. In der Begräbnisstätte von Gurob nun ist es einmal Gebrauch gewesen, die Leichen nicht in Holz und nicht in Stein, sondern in Carton zu betten, den man aus Papyrusmakulatur herstellte. Die Sache ging sehr einfach: man passte den feuchten Carton der Mumie an, nahm dann letztere, nachdem die Umhüllung wieder fest geworden war, vorläufig heraus und lackirte und bemalte die vollends getrocknete Hülle von innen und aussen, worauf dann die Beisetzung erfolgen konnte. Nun wusste bereits Letronne vor 60 Jahren, dass es diese Cartonsarkophage gebe, und er versuchte auch, die herausgezogenen Urbestandtheile solchen Cartons zu erkennen und nutzbar zu machen, aber er hatte kein Glück damit. Besser erging es aber dem Engländer Flinders-Petrie, der seit längerer Zeit in Aegypten gräbt und schon viel gefunden hat: er stiess auf Carton, der nicht mit Leim, sondern einfach mittelst Anfeuchtung zusammengeklebt war, und dessen Bestandtheile mithin viel leichter loszulösen und besser erhalten waren, und als Bestandtheile ergaben sich bei der in England vorgenommenen Untersuchung nicht nur sehr interessante Urkunden, namentlich Testamente von alten Soldaten, sondern auch viele literarische Reste. Es versteht sich von selbst, dass aus Cartonsarkophagen niemals etwas Grösseres vollständig herauskommen wird, denn man hat doch nicht ganze Handschriften so als Makulatur verwendet; aber staunenswerth ist es, dass wir überhaupt Stücke von Handschriften des Platon, des Euripides u. s. w. in lesbarem Zustande, nach solcher Misshandlung, auf diesem Wege gewonnen haben. Das Alter der Handschriften wird nach den mitgefundenen Urkunden, welche datirt sind, mit aller Sicherheit ungefähr bestimmt, und darnach ergiebt sich, dass die Handschrift des platonischen Phädon, von der verhältnismässig die grössten Reste gefunden sind, etwa 1150 Jahre älter ist als die bisher bekannte älteste, und vielleicht nur 120 Jahre jünger als die Urhandschrift Platons. Niemand hatte es für möglich gehalten, dass wir je in Bezug auf die Ueberlieferung dieses Textes so nahe an die Entstehungszeit vordringen würden. Man kann auch ruhig sagen: so ungefähr hat die Originalhandschrift selbst ausgesehen: denn auch die Buchstabenformen sind höchst alterthümlich. Die Euripideshandschrift, von der demnächst die grösste Masse da ist, enthielt ein sehr berühmtes unter den verlorenen Stücken, die Antiope.

Diese beiden glänzenden Funde, der Londoner und der Dubliner, wären nun wohl, nach unsrer bisherigen Gewöhnung, für ein Jahr übergenug gewesen; aber das gute Glück meinte es anders. Etwa einen Monat nach der Dubliner Veröffentlichung gab das Britische Museum seinen zweiten Band heraus, und an dessen Spitze sieben vollständige Gedichte des Herodas, etwa 700 Verse umfassend. Als diese Nachricht durch die Welt ging, haben gewiss unzählig Viele erstaunt gefragt: Herodas? was ist denn das. für ein Autor? Die Philologen wussten allerdings von ihm, und man hatte ein Dutzend kleiner Fragmente seiner Gedichte; aber einer von den Grossen ist es ja nicht, sondern, nach dem hübschen antiken Ausdruck, ein kleiner Singvogel der Musen, aus dem 3. Jahrhundert vor Chr., d. h. der älteren alexandrinischen Zeit. Immerhin, wenn auch ganz gewiss auf keinem Wunschzettel eines klassischen Philologen der Name Herodas oder Herondas — denn über das n war und ist Streit — jemals gestanden hat: wir nehmen mit Dank, was uns geboten wird, und erblicken darin eine schöne Bereicherung der griechischen Litteratur, nicht nur mit einem neuen Autor, sondern auch mit einer neuen Gattung, den Mimiamben, d. h. Mimen in Jamben statt in Prosa. Der Mimos ist eine in dramatischer Form gehaltene Schilderung aus dem täglichen Leben, also etwas recht realistisches, wie man es in der griechischen Litteratur bisher noch gar nicht hatte. Die einzelnen Gedichte sind darin verschieden, einige weniger realistisch, andre mehr, so dass sie sogar abschreckend auf zartere Gemüther wirken; z. B. das Gedicht, in welchem der unnütze Junge vom Schulmeister abgestraft wird, und zwar auf dringendes und unersättliches Verlangen der eignen Mutter. Was die recht schön und regelmässig geschriebene, leider vielfach abgescheuerte oder gar von Würmern angefressene Handschrift betrifft, so war sie natürlich auch wieder einem Liebhaber ins Grab mitgegeben, und es heisst — nicht bei den Londoner Herausgebern, die sich skeptisch verhalten —, der Mann habe den Namen Sarapus geführt und sei im Jahre 13 vor Chr. beigesetzt worden. Die Handschrift, nach ihrer ganzen Art und besonders nach ihrer Orthographie, passt recht gut in das 1. Jahrhundert vor Chr. Zollen wir also, wenn auch unter Reserve, diesem Sarapus und seinen Angehörigen unsern Dank. Das Lesen des Textes war in diesem Falle nicht so schwer, ausser das die abgescheuerten und zerstörten Stellen Mühe machen, und zwar um so grössere, als bei diesem Autor Lesen und Verstehen durchaus nicht zusammenfällt, sondern das letztere langsam nachgehinkt kommt, wenn es überhaupt kommt. Jedenfalls wird bei Herodas der unerledigte Rest grösser bleiben, als bei Aristoteles, wenn wir auch sicher das Meiste bewältigen. — Eine weitere Handschrift, wohl etwas jünger, liefert den Schluss einer bisher fast unbekannten Rede des vorhin erwähnten Redners Hypereides, der sechsten also, und dahinter den grössten Theil eines erhaltenen Textes, des 3. demosthenischen Briefes; sie ist nämlich sowohl zu Anfang als am Schluss defekt. Dann ist ziemlich viel da von einer der besten Reden des Isokrates; dies soll zusammen mit Herodas gefunden sein; die Handschrift hätte also ebenfalls dem Sarapus gehört, wiewohl hier die Orthographie uns vielmehr zwei Jahrhunderte später weist. Auch das weiterhin in dem Bande Folgende sind erhaltene Texte, insonderheit des Homer; doch liefern alle diese, zum Theil umfänglichen Reste für den Homertext lange nicht so viel, als ein nach Centimetern zu messendes Bruchstück, welches unter den Dubliner Papyri, also älter ist.

Das ist so im wesentlichsten der Ertrag des verflossenen Jahres; denn von den sehr wichtigen Excerpten des mythographischen Handbuchs des Apollodor, die ebenfalls 1891 neu herauskamen, aus Handschriften in Jerusalem und Rom, will ich hier nicht weiter reden, und auch nicht von dem Wiener Fragmente des euripideischen Orestes, welches staunenswerther Weise über dem Texte noch die Musiknoten enthält. Das letztere nämlich, natürlich auch ein Fund Aegyptens, ist bisher nur erst angekündigt, nicht edirt, und muss demnach auf das Conto von 1892 gesetzt werden, wo es vermuthlich erscheinen wird; es ist übrigens winzig klein. — Was ist nun der Gewinn von dem allen? Dies kann ja im einzelnen nicht dargelegt werden, sondern nur in grossen und grössten Zügen; ich will versuchen es zu thun. Erstlich also, wir haben eine mächtige Aufmunterung bekommen, gerade in einer Zeit, wo uns Aufmunterung sehr noth that. Sodann, wir hoffen nicht nur auf mehr, sondern wir haben guten Grund zur Hoffnung: es ist sehr wahrscheinlich, dass noch mehr gefunden werden wird, sei es aus Cartonsärgen, sei es aus Gräbern, und es ist nichts was nicht gefunden werden könnte, nachdem, das Unwahrscheinlichste von allem, Herodas gefunden worden ist. Also sei es Sappho, oder Menander, oder Heraklit, oder mehr von Aeschylus, oder was sonst sich jemand wünscht; wiewohl ja die im allgemeinen vorhandene Wahrscheinlichkeit weiterer Funde nicht das enthält, dass nun wahrscheinlicher Weise noch dies bestimmte gefunden werden wird. Mag nun das jemandem lieb oder leid sein: die klassische Philologie lebt noch, und hat alle Aussicht noch recht lange zu leben: so kräftig und schaffensfreudig und zuversichtlich ist sie. Doch ich entferne mich von dem Nächstliegenden; was ist der weitere, bereits vorhandene Gewinn? Wir denken über Aristoteles richtiger; das ist eine Einzelnheit zwar, aber eine erwähnenswerthe. Früher nämlich konnte man überall hören und lesen, dass die klassische Prosa der Griechen bis zu Aristoteles exclusive reiche; mit ihm beginne die nachklassische Zeit, in der zwar recht massenhaft, aber nicht mehr klassisch geschrieben wurde. Ich rede hier nicht von dem Urtheil der eigentlichen Aristotelesforscher, die auch um die verlorenen Schriften Bescheid wussten, und den Lobpreisungen eines Cicero über Aristoteles Stil die gebührende Rechnung trugen; aber im allgemeinen zog man von dem Vorhandenen auf alles den Schluss, wie jener Engländer, der über eine französische Stadt, in der er sich einen Tag lang aufhielt, in sein Tagebuch eintrug, dass es daselbst immer regne. Denn in der That, die Masse der bisher vorhandenen aristotelischen Werke gleicht so wenig einem goldenen Strome, welchen Ausdruck Cicero von Aristoteles Rede braucht, dass man sie nur mit dem völlig trocknen Kiesbette des berühmten Flusses Ilissos bei Athen vergleichen könnte. Man durfte aber dennoch nicht generalisiren. Aristoteles hat nicht wenig Schriften herausgegeben, in entsprechender, d. h. auch etwas populärer Ausführung; Anderes behielt er bei sich und trug es nur seinen Schülern vor; dies wurde aber nachmals, leicht überarbeitet und zugestutzt, ebenfalls veröffentlicht, und die aristotelische Schule, die noch lange Jahrhunderte bestand, hielt sich begreiflicherweise mehr an das, was die ungefälschte und unverdünnte Weisheit zu enthalten schien, als an das Populäre. So ging denn dies schliesslich verloren, während die Collegienhefte bis auf uns erhalten blieben und das Urtheil über den Schriftsteller bestimmten. Jetzt aber kommt eine der populären, von Aristoteles selbst herausgegebenen Schriften ans Tageslicht, und alsbald schlägt das Urtheil um: man erkennt, dass nothwendig die klassische Prosa bis zu Aristoteles inclusive gerechnet werden muss. Man bewundert die schöne Abrundung, die treffliche Disposition, die vornehme Schlichtheit des Ausdrucks; es ist nämlich, trotz aller Kunst und Sorgfalt, doch attische Prosa, d. h. einfache Prosa, wo der Schmuck nicht offen aufliegt, sondern nach aller Möglichkeit versteckt ist. Aristoteles hat viel dergleichen geschrieben: dies Werk über die Verfassungen, von dem ein Theil jetzt vorliegt, betraf 158 Städte und Stämme, und würde, wenn ganz erhalten, eine ganz unendliche Fülle von Belehrung bieten, wo auch dieser kleine Theil schon so viel bietet. Nämlich an Umfang ist dieser Fund ja nicht so beträchtlich, ungefähr 60 Seiten gewöhnlichen Druckes, gleich etwa dem 50. Theil der bisher unter Aristoteles' Namen erhaltenen Schriften, und schlägt man die andern Funde, den Herodas u. s. w., dazu, so bleibt man noch beträchtlich unter 100 Seiten. Also die Vermehrung des Bestandes an klassischer griechischer Litteratur, Poesie und Prosa, die im Jahre 1891 geschehen, beträgt weniger als 1 Procent, wenn man den Bestand auf etwa 12000 Seiten veranschlagt. Das ist wenig, wenn man will, und viel, wenn man will, namentlich, wenn man sich diesen Zuwachs als jährlich eintretend denkt. Doch das sind wieder Zukunftsträume; halten wir uns hier an das Vorhandene und die durch dasselbe bereits gewährte Belehrung, welche in der That mächtig gross ist, und um so bedeutungsvoller, als sie zumeist das Centrum des griechischen Lebens, Athen, betrifft. Wie viel hat sich nicht plötzlich aufgehellt, in der attischen Geschichte wie in der attischen Verfassung! Hören wir die beurtheilenden Stimmen: „wo solche Sonne aufgeht, da zerstieben die tausend historischen Hypothesen wie die Fledermäuse". Eine andere Stimme: „Ein Leichenfeld von abgethanen Hypothesen". Eine dritte Aeusserung: „Reihen von Resultaten, scheinbar durchaus rationell gewonnen und sicherstehend, stürzen über Nacht dahin wie ein Kartenhaus". Das klingt ja erstaunlich, und wenig schmeichelhaft für unsere Wissenschaft; aber wenn es wahr ist, so muss es ja gesagt werden. Denn ich fürchte auch nicht den Vorwurf, als stellte ich die arcana meiner Wissenschaft bloss, vor solchen die nicht zünftig seien; ein jeder wird sich ja mit derselben Offenheit das eingestehen, was in seiner Wissenschaft etwa minderwertig ist. Wir treiben unsere Sache nicht schlechter und nicht ungeschickter als unsere Genossen auf andern Gebieten; aber unser Gebiet ist vielleicht dunkler als manche andre, wiewohl es noch nicht das allerdunkelste ist. Wir haben jetzt unsre Zurechtweisung empfangen — möge sie nicht die einzige bleiben! —, und können daraus lernen, einerseits bescheidener, andrerseits realistischer, in gutem Sinne, zu sein. Es ist wirklich wahr, die Bescheidenheit, das Bewusstsein um unsre sehr unzulänglichen Kräfte und Hülfsmittel, besassen wir nicht in dem nöthigen Masse, und das γνῶθι σαυτόν kannte zwar jeder Philologe, übte es aber nicht, sondern man bildete sich ein, mit Methode und Scharfsinn auch das Dunkelste und Verborgenste herausbringen zu können. In Wirklichkeit ist die Wissenschaft gewiss im Stande, über den Bereich des in der Ueberlieferung Gegebenen hie und da mit Sicherheit um ein Kleines hinauszukommen, sehr weit indessen nicht mit Sicherheit; sie strebt aber naturgemäss weiter, und so bildet sich um den festen Körper des Gegebenen mit der Zeit ein immer grösserer Dunstkreis herum. Ich will nicht gerade den Vergleich mit den Kometen gebrauchen; denn er wäre entschieden ungerecht und unzutreffend, indem ein solches Missverhältniss, wie zwischen Kern und dem Uebrigen des Kometen, niemals bei uns zwischen dem feststehenden Thatsächlichen und den darum gebildeten Hypothesen bestanden hat, ausser etwa in der homerischen Frage. Sonst würde ja der Vergleich in gewisser Hinsicht sehr schön passen; denn ein Kometenschweif kann etwas sehr glänzendes und sehr imponirendes sein, gerade wie eine Hypothese. Nun bin ich weit entfernt, den Nutzen und die Berechtigung der Hypothesen in Abrede stellen zu wollen. Sie können ein werthvolles Mittel der Forschung sein, indem wir zunächst versuchsweise etwas annehmen und zu Grunde legen, und dann dasselbe an den Thatsachen erproben und es dadurch wo möglich verificiren; in andern Fällen, wo dies nicht angeht, sind sie wenigstens ein unentbehrlicher Nothbehelf. Das Verkehrte beginnt erst dann, wenn die nicht oder nicht genügend verificirte Hypothese der erwiesenen Thatsache gleich gerechnet wird, vollends aber, wenn eine von Vielen angenommene Hypothese zum Dogma erstarrt, welches von den Jüngern der betreffenden Wissenschaft prüfungslos hingenommen und geglaubt wird. Dem gegenüber meine ich eben, dass wir realistischer werden müssen. Man mag noch so sehr dem Materialismus und Realismus und wie diese modernen Richtungen weiter heissen, abgeneigt sein, in ihrem wirklichen Gebiete wird man sie jedenfalls belassen müssen, und dies Gebiet ist das der empirischen Wirklichkeit und der wahrgenommenen Thatsachen. Handelt es sich um die Erforschung dieser Wirklichkeit, wie sie ist oder wie sie einmal war, so haben da die Ideen und Spekulationen von vornherein nichts zu thun, sondern die vorliegenden Thatsachen und Zeugnisse müssen massgebend sein. Es ist möglich, dass sich bei der Untersuchung irgend ein Zeugnis als falsch oder ungenau erweist: auch vor Gericht ist das der Fall, und die Zeugnisse bleiben doch dort die Grundlage. Wenn man dagegen es anders macht, und neben den Zeugnissen aufbaut, oder auch mit Umwerfen und Beiseiteschieben derselben, dann läuft man Gefahr, dass plötzlich einmal eine bisher unbekannte Thatsache auftaucht, und mit der Brutalität, die einmal den Thatsachen innewohnt, das schöne Gebäude wegfegt, und zwar ohne irgend ein höfliches Compliment für die Gelehrsamkeit und den Scharfsinn des Urhebers.

Ich bin übrigens keineswegs so optimistisch zu meinen, dass die grossen Entdeckungen des verflossenen Jahres auf einmal einen merklichen Wandel in unserer Forschungsweise bewirken könnten. Auf dem Wege zu einem gesunden Realismus zurück befinden wir uns, wie mir scheint, schon seit längerer Zeit, und dies wird uns weiter in dieser Richtung fördern; aber wir erlebten es doch sofort im vorigen Jahre, dass eben diese Schrift des Aristoteles von verschiedenen Seiten, in Deutschland, Holland, England, Norwegen, für unecht und dieses grossen Namens unwürdig bezeichnet wurde. Das erschien und erscheint Vielen als der Triumph der Wissenschaft, wenn sie eine recht alte und angesehene Ueberlieferung umstösst, d. h. in den Köpfen und in den Meinungen der Menschen; denn auf die Wirklichkeit der Dinge hat freilich unser Forschen und Meinen nicht den geringsten Einfluss. Ich meinerseits habe immer gefunden, dass in historischen Dingen eine Theorie, die sich in entschiedenen Gegensatz zu einer allgemeinen und guten Ueberlieferung setzt, nicht viel Wahrscheinlichkeit hat richtig zu sein; doch wächst die Wahrscheinlichkeit mit der abnehmenden Wichtigkeit der Sache. Auf Schriftwerke angewandt: die grossen und bedeutenden Schriftwerke pflegen dem wirklich anzugehören, dessen Namen sie von Alters her tragen; für kleine untermischte Zettel ist weniger Gewähr. Anderseits müsste man sehr ungeschickt sein, wenn man nicht im Stande wäre, für die Unechtheit irgend einer gegebenen Schrift Argumente beizubringen. Wenn aber das Für und Wider in diesem Falle, bei Aristoteles, gerecht abgewogen werden soll, so muss man es so machen. In die eine Wagschale, für die Echtheit, ist zunächst ein Centner einzustellen wegen der allgemeinen Ueberlieferung des Alterthums. Denn es handelt sich um keine unwichtige Schrift, auch nicht um diese allein, sondern an der Verfassung der Athener hängen unlöslich die noch immer verlorenen über die Verfassungen der 157 andern Staaten, und das gäbe zusammen, wenn wir gering rechnen, etwa 3000 unserer Druckseiten. Die Zeugnisse aber für Aristoteles' Namen gehen bis ganz nahe an die Zeit desselben hinauf. Dann ist ein weiteres Gewicht einzustellen auf Grund der, für einen Unbefangenen und Urtheilsfähigen unzweifelhaften, hervorragenden Bedeutung der Schrift, die einen unbedeutenden Verfasser nicht haben kann. Nachdem dies geschehen, muss man das Werk von allen Seiten betrachten und mit dem uns anderweitig bekannten Aristoteles vergleichen: was nun in Gedanken, Anordnung, Ausdruck u. s. w. stimmt, kommt in die eine Wagschale; was nicht stimmt, in die andere. Das Ergebnis, meine ich, wird dann sein, dass die eine Wagschale fest auf der Erde steht, die andere hoch in der Luft baumelt. Wer anders wiegt, der wiegt eben verkehrt; es giebt freilich kein Mittel ihn zu verhindern, das zu thun und sein Ergebnis der Welt zu verkünden.

Doch es ist Zeit, dass wir uns nun auch um die andern, kleineren Funde des Jahres etwas bekümmern und zusehen, was die uns lehren. Da ist unter den Dubliner Funden das erwähnte, nach Centimetern zu messende Fragment der Ilias: es enthält grossentheils freien Raum, indessen links davon noch die Enden von 20 Hexametern, in grosser, schülermässiger Schrift, und rechts die Anfänge von 19 andern. Es war nun nicht schwer zu erkennen, das dies eine Stelle aus dem 11. Buche der Ilias ist, V. 502—537. 20 und 19 macht aber 39, und 502—537 sind 36 Verse; da springt gleich die Abweichung heraus, und diese ist in der That noch stärker; denn es sind sechs neue Verse, wovon einer an Stelle eines der unsrigen, ein zweiter an Stelle von zwei; die andern kommen hinzu. Da wir nicht die ganzen Verse haben, sondern nur die Enden oder Anfänge, so ist es schwer über ihren Werth zu urtheilen; ich meinestheils glaube nicht, dass dies Neue besser ist als das Alte, und zwar aus folgenden Erwägungen. Das Fragment ist, wie vorhin gesagt, aus dem 3.. Jahrhundert vor Christo; unser Homertext beruht auf einer Recension und Feststellung durch die alexandrinischen Grammatiker, die um und nach 200 v. Chr. erfolgte. Die Lesungen und Verse unsers Fragments nun werden diesen Grammatikern nicht unbekannt gewesen sein; sie haben also dieselben verworfen, und dazu werden sie ihre Gründe gehabt haben. Aber eine andere Frage ist, ob unser Altes, d. h. dieser Grammatikertext, besser ist als dies Neue, in den Fällen, wo beides nebeneinandersteht und nichts hinzukommt. Wenn man dies verneint, wie wir die umgekehrte Frage verneinten, so ist das Ergebnis: dies und jenes gleich gut oder vielmehr gleich schlecht; nämlich man hatte den alten Text so oder so erweitert, und diese Erweiterungen sind in diesen Fällen in der einen Form haften geblieben und von den Grammatikern nicht ausgeschieden, während sie die sonstigen Zuthaten, die der Papyrus bietet, mit Recht nicht aufnahmen. Doch lassen wir diese Einzelnheiten und stellen nur im allgemeinen fest, dass der Homertext des 3. Jahrhunderts von dem auf uns gekommenen der Grammatiker nicht unerheblich abwich. Wenn aber der des 3. Jahrhunderts, vollends der des 4., und weiter noch mehr des 5. und so fort; denn bei Homer dauert es sehr lange, ehe wir auf diesem Wege rückwärts in die Nähe des Originals gelangen. Dieser Homertext aber, wie ihn die früheren Jahrhunderte hatten, war uns bis auf wenige Einzelnheiten unbekannt, und bleibt es ferner. Nun giebt es Philologen, die zwar nicht leugnen können, dass sie von dieser Textgeschichte vom 9. oder 8. Jahrhundert bis zum 3. nichts wissen, die aber das, was dem allen vorausliegt, nämlich die Entstehung der Gedichte und ihr Zusammenwachsen aus grösseren und kleineren Stücken, ganz genau heraus gebracht zu haben glauben. Andere dagegen sind der Meinung, dass wenn noch so sehr dies die Entstehungsweise wäre, doch in der langen Zeit die Spuren davon sich verwischt haben würden, so dass zwar in einzelnen Fällen sich noch eine Fuge zeigen kann, die den ursprünglichen getrennten Zustand der betreffenden Theile richtig anzeigt, in anderen Fällen aber der Anschein einer solchen Fuge eben nichts als täuschender Schein ist, durch irgend welche zufällige Umstände entstanden. Es war ja die Zerlegung und Zersprengung der homerischen Gedichte die erste grosse und allgemein imponirende That, mit welcher die klassische Philologie Deutschlands zu Ende des vorigen Jahrhunderts sich der Welt kund machte; wenn F. A. Wolf unzweifelhaft der Begründer dieser Philologie ist, welche sich von damals her eine leitende Stellung in der Welt errungen hat und noch behauptet, so wird wiederum bei dem Namen Wolf's niemand an eine andere als an diese Leistung denken. Und doch, bei allem Verdienste, ist sie durchaus kein Bau für die Ewigkeit gewesen. Gleich eine wesentliche Grundlage ist morsch und trägt nichts: dass der athenische Tyrann Peisistratos die homerischen Gedichte aus den einzelnen Stücken zu den beiden ganzen Epen habe zusammenfügen lassen, ist mit nichten, wie Wolf meinte, eine allgemeine und gute Ueberlieferung des Alterthums. Denn um dies Verdienst des Peisistratos wissen die am genauesten Bescheid, welche zeitlich am weitesten von ihm abstehen, nämlich späte und unwissende Byzantiner; geht man in der Zeit hinauf, so wird die Ueberlieferung immer weniger bestimmt, bis sie bei Aristoteles und Herodot und den übrigen Klassikern ganz erlischt. Aristoteles z. Bsp., in der neuen Schrift, widmet zwar dem Peisistratos ganze Seiten, erwähnt auch, dass sein Sohn Hipparchos, der 514 ermordet wurde, ein Freund der Poesie gewesen sei; aber von diesem ungeheuren Verdienste des Vaters hat er offenbar keine Ahnung, überträgt auch nicht etwa dasselbe auf den Sohn, von dem er lediglich anführt, dass er den Anakreon und Simonides an seinen Hof gezogen. Nun ist der Schluss unzweifelhaft für jeden Unbefangenen: was Aristoteles nicht wusste, während es von solcher Tragweite und zeitlich ihm so nahe war, das wissen auch jene Späteren und Späten nicht, sondern sie irren einfach.

Ich meine also, dass für unsre Homerforschung die nöthigste Aufgabe eine möglichst genaue Textgeschichte ist, von den Byzantinern rückwärts zu den Alexandrinern, von diesen so weit man eben gelangen kann; es sind dies die Wege, welche die für Homer mustergültige Königsberger Schule vorgezeichnet hat. Will man dann noch weiter ausblicken, ins unbekannte Gebiet, in welchem es zum Erkennen im allgemeinen zu dunkel ist, so kann man das thun, nur mit dem Bewusstsein, dass man nicht erkennt, sondern vermuthet. Ohnehin überzeugt ja doch keiner dieser Forscher den andern, eben weil er keine wirklichen Beweise hat, sondern es muss sich jeder sagen: wenn du auch wirklich das Richtige erkennst, den Andren mittheilen wirst du deine Erkenntnis niemals. Es ist nämlich auch das ein sehr grosser Nachtheil, welcher allen diesen hypothetischen Konstruktionen anhaftet: die Wahrheit kann gefunden sein und doch nicht gefunden sein. Nehmen wir einen einfachen Fall: ein historisches Ereignis, dessen Zeit nicht überliefert ist, muss zwischen zwei andere Ereignisse fallen, deren Zeit man kennt. Wenn nun der Spielraum für das Vermuthen fünf Jahre beträgt, und sich zehn Forscher mit der Frage beschäftigen, so wäre es ja kaum noch möglich, dass nicht einer das richtige Jahr träfe. Aber er überzeugt die Andern nicht, und was er für sich gefunden hat, das hat die Wissenschaft in ihrer Gesammtheit noch keineswegs gefunden, sondern man fährt zu suchen und zu streiten fort.

Aehnliches gilt nun auch von der Herstellung verdorbener Texte, worüber ich an letzter Stelle kurz reden will. Von Platon wie von Isokrates und Demosthenes, von denen wir unter den neuen Papyri Stücke haben, besassen wir bisher eine Ueberlieferung, die man allgemein für vortrefflich hielt, unbeschadet natürlich einzelner Fehler, die man zu emendiren suchte. Ferner sind bei Aristoteles eine ziemliche Anzahl solonischer Verse citirt, und von diesen lagen die meisten in anderweitiger Ueberlieferung bereits vor; ingleichen einige Verse des Herodas; an diesen wie an jenen haben sich bedeutende Kritiker versucht. Jetzt wird an den Kritikern aller dieser Texte Kritik geübt, durch die Thatsachen, deren Rücksichtslosigkeit ich schon erwähnte. Also die erklären einfach, dass die an Solon und Herodas geübte Kritik nichts tauge: man hat vorbei geschossen, was bekanntlich auch viel leichter ist als treffen, und es ist sogar ganz spasshaft zu sehen, wie weit nach links und rechts die verschiedenen Kritiker um die Wette vorbeischiessen. Nun ist ja die Textkritik bei Dichtern noch erheblich schwerer als bei Prosaikern, ungeheuer schwer aber bei losgerissenen Bruchstücken von Dichtern, wo der Spielraum für das Mögliche sich so mächtig ausdehnt; urtheilen wir also über diese Misserfolge nicht hart. Bei Platon muss es ja besser stehen, und in der That constatirt hier bereits der englische Herausgeber eine unsrer Konjekturen als bestätigt; ich meine, man kann zwei constatiren; ebensoviele bei Isokrates, und bei Demosthenes die imponirende Zahl von zwölf, dreizehn sogar, wenn man liberal ist und halb richtig für ganz richtig nimmt. Also dass wir etwas leisten können, ist hiermit bewiesen, zum so und so vielten Male übrigens; denn es ist oft schon von einem Autor hinterher ein besseres Manuskript aufgefunden worden, und stets traf es sich so, dass nicht alles Gute, welches es bot, auch neu war, Dank den divinirenden Kritikern, die es schon vorweggenommen. Nun aber ergeht jetzt, bei der gebietenden Autorität dieser uralten Zeugen, die Kritik nicht über diejenigen allein, welche den Text für verdorben hielten, sondern auch über die, welche ihn für unverdorben hielten, und über unsere berühmtesten Handschriften; denn im allgemeinen werden doch die aus dem 3. Jahrhundert vor Christus oder auch dem 1. nach Christus bezeugten Lesarten Autorität haben gegenüber denen, die erst aus dem 9. oder 10. nach Chr. bezeugt sind. Das Ergebnis ist, wenigstens für Platon und Demosthenes und für diese Theile derselben: der Text hat weit mehr gelitten als wir glaubten, und zwischen unsern besten und unsern minder guten Handschriften ist kein beträchtlicher Unterschied, und man darf weder auf die Handschriften fortan schwören noch auf eine Handschrift, und die Kritik ist gerade bei grossen Entstellungen vielfach unfähig sie zu sehen, fast stets unfähig sie zu heilen. Dies „fast" setzt auch nur meine Höflichkeit hinzu; das Verdikt der Thatsachen enthält es nicht.

Was soll denn aber nun die arme Philologie machen, wo auch die überlieferten Thatsachen selbst, die Texte, sich als unzuverlässig erweisen? Nun, diese Unzuverlässigkeit ist doch nicht unbegrenzt, und namentlich der Sinn wird gar nicht häufig, nach diesen Ausweisen, durch eine Entstellung in unseren Handschriften beeinflusst. Sogar in Wortstellung, Wortformen und dergleichen Kleinigkeiten ist das weitaus Meiste richtig überliefert, so dass auch zur Beobachtung derartiger Dinge sich unsre Handschriften durchaus gut eignen, indem die Gefahr eines falschen

Gesammtergebnisses meist verschwindend gering ist. Gerichtet werden nur gewisse Thorheiten und Uebertreibungen, namentlich auch das übertriebene Vertrauen auf die Macht der Konjektur. Also die Mahnung von vorhin kehrt wieder, die zur Bescheidenheit und Selbsterkenntnis, und diese Selbsterkenntnis sollte in der That nicht schwer sein. Es handelt sich um Texte, die vor 2000 und mehr Jahren geschrieben sind, in einem andern Lande, unter andern Anschauungen, Sitten, Gebräuchen u. s. f., vor allen Dingen in einer Sprache, die nicht die unsrige ist. Wir scheinen zwar Griechisch zu können, Einige gut zu können; thatsächlich aber kann es nicht ein Einziger so gut, wie etwa ein gebildeter Deutscher, der 10 Jahre lang in England gelebt und auch viel englische Literatur getrieben hat, das Englische können wird. Weshalb also täuschen wir uns selbst und bilden uns ein, Sophokles und Plato seien Leute wie wir gewesen, in deren Geist man sich leicht hineinversetzen könne, um dann aus ihrem Geiste heraus herzustellen, was sie ursprünglich geschrieben? Das sind doch nur grosse Worte, denen die Wirklichkeit nicht entspricht. Liegt das Ursprüngliche von dem Ueberlieferten nur etwas weiter ab, so ist es in den meisten Fällen entweder nicht mehr zu erreichen, oder wenn es jemand glücklich erreicht, doch nicht als richtig zu erweisen, eben weil es zu weit abliegt. Es ist die Ausnahme, dass die Herstellung gelingt, nicht die Regel; aber man soll diese Ausnahme, wo sie eintritt gebührend schätzen; denn unter den erschwerenden Umständen, die ich eben darlegte, ist wirklich dergleichen als eine Leistung anzusehen.

Also weit entfernt, uns entmuthigen zu lassen, wollen wir rüstig weiter arbeiten, um so mehr als das gute Glück uns so mächtig hilft. Darum mit Energie vorwärts, wo der Weg ein richtiger; mit derselben Energie rückwärts, wo der Weg ein verkehrter. Zu wie vielen Ergebnissen hat nicht auch jetzt schon die genaue Beobachtung der Thatsachen geführt, und zu wie vielen kann sie ferner führen! Wie stolze Leistungen haben wir in Zusammenfügung zertrümmerter Inschriften aufzuweisen! Hier zeigt die Hypothese den Weg, indem man zunächst vermuthet und annimmt und dann die Konsequenzen prüft; so wird die Hypothese sofort verificirt und in erwiesene Thatsache verwandelt. Auch die Begeisterung darf nicht fehlen, ohne die nichts wirklich bedeutendes geschaffen wird, und wir haben nach wie vor allen Grund zu dieser Begeisterung, denn der Gegenstand, dem wir unsre Mühe widmen, strahlt so herrlich wie je zuvor. Aber nicht heute wollen wir unsere Blicke darauf gerichtet halten; denn heute ist nicht ein Tag der Mühe und des Schaffens, sondern der Feier. Er ruft uns von der Vergangenheit in die Gegenwart, vom internationalen Gute zu den nationalen Gütern; er erinnert uns, dass wir mit allem, was wir schaffen und was wir sind, schliesslich dem Ganzen zu dienen haben. Denn wer dem Vaterlande dient, dient dem Kaiser, und wer dem Kaiser, dient dem Vaterlande; das ist beides untrennbar verbunden. Vereinigen wir uns daher alle in dem Rufe:

Se. Majestät, unser allergnädigster Kaiser und König und Herr, lebe hoch!